dumont taschenbücher

Ingelore Ebeling, geb. 1952, studierte Kunstpädagogik in Braunschweig. Seit 1975 arbeitet sie als Kunsterzieherin im Schuldienst in Köln und Königswinter. Neben ihren Fachbeiträgen zur Zeichensprache und Zeichentheorie veröffentlichte sie auch kunstdidaktische Diaserien über die Themen Körpersprache und Masken.

Ingelore Ebeling

Masken und Maskierung

Kult, Kunst und Kosmetik

Von den Naturvölkern bis zur Gegenwart

DuMont Buchverlag Köln

Umschlagvorderseite:	Motiv nach einer Maske des Wayang Topeng aus Java, ausgeführt von der Ateliergemeinschaft »Die Maske«, Köln. Foto: Sabine Kühne.
Umschlagrückseite:	»Stierkampfballade« beim jährlichen Fest während der Fastenzeit. Ixtapan de la Sal, Mexico. Foto: Georg Gerster.
Frontispiz:	Doppelgesicht. Freie Schminkarbeit der Ateliergemeinschaft »Die Maske«. Foto: Sabine Kühne.

CIP-Kurztitelaufnahme der Deutschen Bibliothek

Ebeling, Ingelore:
Masken und Maskierung : Kult, Kunst u. Kosmetik ;
von d. Naturvölkern bis zur Gegenwart / Ingelore
Ebeling. – Köln : DuMont, 1984.
(DuMont-Taschenbücher ; 153)
ISBN 3-7701-1535-X
NE: GT

Reproduktion: Litho Köcher, Köln
Satz und Druck: Rasch, Bramsche
Buchbinderische Verarbeitung: Boss-Druck, Kleve

Printed in Germany ISBN 3-7701-1535-X

Inhalt

Vorbemerkung

Masken (1) sind geheimnisvoll und faszinierend – sie verbergen und können gleichzeitig entlarvend sein. Masken werden als kostbare Kunstwerke in Museen verwahrt und begegnen uns als billiger Wegwerf-Gegenstand im Straßenkarneval. Masken als Ausdrucksmittel des darstellenden Künstlers oder als Motiv des bildenden Künstlers. Masken in einfacher Erhabenheit oder grotesker Formverzerrung – furchteinflößend oder erheiternd. Masken als Verhüllung der ganzen menschlichen Gestalt oder nur als Hauch von Schminke auf dem Gesicht. Masken als Schutzhelm oder als Faktoren gesellschaftlichen Rollenspiels ... Sie verfremden, verwandeln, verzaubern, verstecken, verdeutlichen.

Es gibt keine Theorie der Maske, soviel auch über sie geschrieben worden ist. Vermessen wäre der Anspruch, so etwas leisten zu wollen. Je mehr man sich mit Masken und Maskierungen aller Art beschäftigt, desto fassungsloser steht man vor der überwältigenden Vielfalt der Aspekte, vor der Fülle der Phänomene.

Damit ergab sich für mich als Autorin die Notwendigkeit, subjektive Schwerpunktsetzungen vorzunehmen, da es nicht um eine lexikalische Anhäufung von Fakten gehen sollte. Gleichzeitig möchte ich mich dadurch von dem Anspruch auf vollständige Auslotung des Phänomens entbinden.

Bei meinen Studien über Masken und Maskierungen stieß ich immer wieder von verschiedenen Seiten auf den Begriff der Identität (2). Die Maske im Wechselspiel zwischen Individuum und Umwelt, zwischen Innen- und Außenwelt; die Maske als Ausdruck von Bewußtseinsebenen, als Ausdruck menschlichen Selbstbildes sowohl auf einer kollektiven als auch auf individueller Ebene; die Maske in ihrer kommunikationsprägenden und -verändernden Funktion und nicht zuletzt ihre identifizierende Kraft als Wesensmoment – all dies möchte ich als leitende Aspekte meinen Betrachtungen voranstellen, um Hintergründe, Funktionen und Entwicklungslinien von Masken und Maskierungen beleuchten zu können.

Konkreter gesprochen: Was sagen uns die Masken der Naturvölker, was sagt uns z. B. die Maskierung des Punkers über das Lebensgefühl, die Weltanschauung – über das Bewußtsein von sich selbst im Kontext seiner Umwelt? Woraus beziehen Masken in diesem Zusammenhang ihre Notwendigkeit?

Dabei möchte ich in meinen Betrachtungen einerseits historische, d. h. vertikal gerichtete Zusammenhänge darlegen und andererseits die interessante Fülle der Phänomene auf horizontal aufreihender Ebene nicht vernachlässigen.

Die Verwirklichung dieses Konzepts ist ein schwieriges Unterfangen. Oft gelangte ich während meiner Arbeit an den Punkt der Ratlosigkeit, wie ich beiden Dimensionen gerecht werden sollte.

Als Autorin dieses Buches kann ich nur hoffen, daß bei allen Mängeln in der einen oder der anderen Richtung ein Gewebe von Informationen und eigenen Gedanken entstanden ist, das dem Leser Anhaltspunkte und Anreize zu tiefergehender Beschäftigung mit dem Phänomen ›Maske‹ bietet. Es ist unerschöpflich.

1 Masken der Naturvölker

Es ist eine Tatsache, daß die ganze Menschheit eine Maske trägt oder getragen hat... Ganze Völker haben die einfachsten und wertvollsten Werkzeuge ignoriert, aber sie kannten die Masken... Es gibt kein Werkzeug, Glaube, Brauch, Einrichtung, die die Menschheit mehr vereint, als es das Tragen der Masken vermag.

Roger Callois

Masken gehören zu den frühesten Kulturäußerungen der Menschheit. Davon zeugen vielfältigste archäologische Funde. In der Gegenwart finden wir dementsprechend das ausgeprägteste Maskenwesen dort, wo sich die menschliche Entwicklung noch auf einer frühen Stufe des (Bewußt-)Seins befindet – bei den Naturvölkern.

Daraus könnte man den Schluß ziehen – wie es z. B. der Völkerkundler Andreas Lommel tut –, daß sich vielleicht nur noch in diesem Bereich das eigentliche »Wesen der Maske« manifestiert und alle anderen Formen der Maskierung nur Überbleibsel, den Sinn verdrehende Fragmente darstellten, was einer Abwertung aller anderen Maskenphänomene gleichkäme. Dem steht jedoch entgegen, daß die historische Entwicklung der Maske wichtige Wesensmomente hinzugefügt hat, die bei solcher Beurteilung wohl aus dem Blick geraten würden. Darüber hinaus gestaltet sich die Maskenkultur allein bei den Naturvölkern so vielfältig, daß die Herausfilterung eines eigentlichen »Wesens« schon in diesem Bereich schwerfällt. Fest steht nur, daß die Maske hier überall in kultische Zusammenhänge eingebunden ist und daß gerade die sich im Verlaufe der Geschichte vielfach vollziehende Entbindung vom Kultcharakter der Maske völlig neue Funktionsmöglichkeiten erschließt.

Die Maske als Bestandteil früher Kulturen kann – ebenso wie andere kulturelle Erscheinungsformen – Aufschluß darüber geben, wie sich die Entwicklung menschlicher Identität auf einer kollektiven Ebene wohl vollzogen hat. Unter diesem Aspekt wird es möglich, die Vielfältigkeit der Maskenphänomene bei den Naturvölkern in eine gewisse Ordnung zu bringen, indem man ihre Verwendungskontexte als Stufen einer entwicklungsgeschichtlichen Abfolge begreift.

Naturvölkermasken würden damit nicht das »Wesenhafte« repräsentieren, wohl aber auf die Ursprünge des Maskenwesens verweisen können.

Hauptverbreitungsgebiete

Masken sind rund um den Erdball zu finden. Die Gebiete, die ich hervorheben möchte, zeichnen sich dadurch aus, daß das Maskenwesen hier in ursprünglichen Formen noch heute oder in sehr naher Vergangenheit eine bedeutsame Rolle im kulturell-religiösen Leben spielt(e). Dabei ist keine vollständige Auflistung intendiert, sondern eine vergröbernde Schwerpunktsetzung, die einen ersten Überblick geben soll.

Afrikas Kunst erscheint wesentlich durch Masken bestimmt (Farbabb. 3–6). Allerdings sind sie ausschließlich Schöpfungen der negriden Bevölkerung. (Schwarz-Afrika erstreckt sich vom westlichen Sudan über die Küste Guineas hinweg bis zum Kongo-Gebiet im Landesinneren und bis zum Senegal und Niger.)

Melanesien (Neu-Guinea und benachbarte Inselgruppen) ist ein ausgesprochener geographischer Schwerpunkt des Maskenwesens, das in seiner Funktion starke Parallelen zu Afrika aufweist. (Farbabb. 1/2).

In *Australien* gibt es zwar keine Masken im eigentlichen Sinne, jedoch beeindruckende Körperbemalungen, deren Bedeutung den Masken entspricht. Auf *Ceylon* ist eine besondere Art der Maske als Verkörperung von Krankheitsdämonen kultiviert worden.

Rund um den Nordpol – *Sibirien, Grönland, Alaska* – hat sich das Maskenwesen in seiner schamanistischen Ausprägung erhal-

Maske der Dan, Liberia

ten. Diese Form findet sich auch auf dem nordamerikanischen Kontinent, wo als besonderer Schwerpunkt der Maskenkunst die *Nordwestküste Amerikas* (Farbabb. 8/9) mit den dort angesiedelten Indianerstämmen (Kwakiutl, Tlingit, Nootka, Bella Coola ...) zu nennen ist.

In *Mittelamerika* spielt die Maske noch heute in der Volkskunst eine große Rolle. Hier haben sich Inhalte präkolumbianischen Maskenwesens (1) erhalten (Farbabb. 7/10).

Vielfalt der Erscheinungsformen

Bei näherem Hinsehen scheint sich das Phänomen »Naturvölkermaske« einer eindeutigen Eingrenzung zu entziehen. Neben der »klassischen« Gesichtsmaske gibt es die sogenannte Stülpmaske als Umschließung des ganzen Kopfes. Diese kann wiederum mit den verschiedensten Aufsätzen versehen sein, oder der Kopfaufsatz allein kann Maskenfunktion übernehmen (Farbabb. 4). Schließlich gehört die Ganzkörperverkleidung als Bestandteil hinzu oder ebenso entsprechende Körperbemalungen. Außer diesen »eigentlichen«, von Menschen zu tragenden Masken gibt es eine Vielzahl anderer Trägerobjekte, die mit ihnen in funktionalem Zusammenhang stehen: z. B. Amulette, Lanzen, Hausgiebel, Boote – sie alle können mit den mehr oder weniger reliefhaften Zügen eines menschlichen Gesichtes ausgestattet sein.

Auch hinsichtlich der Größe kann man nicht erwarten, hier eine Einheitlichkeit – etwa bezogen auf das menschliche Gesicht – vorzufinden. Vom filigranen Gebilde einer Schmuckplakette bis hin zu 3 Meter Umfang und 10 Meter Höhe einer Ganzkörpermaskierung, die nur noch mit Hilfe mehrerer Männer in Aktion gesetzt werden kann, gibt es alle möglichen Variationen. Zum Beispiel gibt es bei den Yorubas (Afrika) Maskenexemplare, die durch ihren hohen, holzgeschnitzten Kopfaufsatz bis zu 80 Pfund wiegen (Farbabb. 3).

Die verwendeten Materialien sind insgesamt so vielfältig, daß ich nur einige nennen kann. Stein und Metalle werden eher seltener gebraucht, häufig hingegen Holz, Rinde, Bambus und Bastfasern (Farbabb. 1). Auch Ton als Terrakotta oder Übermodellierung von Tier- oder Menschenknochen ist oft zu finden. Bei den Eskimos bilden z. B. Walknochen das Rohmaterial für die Masken. Hieran wird sehr deutlich, daß die jeweilige Materialnutzung ganz von den geographischen Gegebenheiten abhängig ist.

Als Zutaten oder Schmuck der Maske gibt es wohl nichts, was auf seine Verwendbarkeit hin nicht schon einmal überprüft worden wäre: Federn, Muscheln, Menschenhaar, Felle, Zähne und anderes mehr. Farben zur Bemalung werden aus Erdarten oder Pflanzenteilen gewonnen.

Meistens handelt es sich also um schnell vergängliches Material, so daß in den meisten Maskengebieten nur die letzten 100 Jahre in etwa überschaubar sind.

Die Werkzeuge sind zum größten Teil steinzeitlicher Art. Dort, wo Metallwerkzeuge verwendet werden, läßt sich kein wesentlicher Einfluß auf die von der Tradition geprägte Formgebung feststellen.

Diese Formgebung ist insgesamt so mannigfaltig, wie es die weite Verbreitung des Phänomens erwarten läßt. Von abstrakter Formenstrenge, realistischen Zügen bis hin zu expressiver Übersteigerung ist alles vertreten. Das soll jedoch nicht heißen, daß nicht einzelne Stämme oder Kulturen ihren ganz markanten Stil ausgebildet haben – in Abhängigkeit von ihrem ökologisch-ökonomisch-sozialen Bedingungsfeld. Dazu zwei Beispiele:

Der Völkerkundler Waldemar Stöhr beschreibt eine melanesische Maske (Neuguinea, Sepik-Mündung), die, bei ansonsten realistischer Formgebung, eine auffallende Betonung der Nase bis zum Schnabel, der den Unterleib berührt, aufweist. Die Gründe dafür sieht er einmal in den kräftig ausgebildeten Nasen der Bewohner. Zum anderen solle wohl der Vogelschnabel des Kasuars nachgebildet werden, der das stärkste Landtier dieser Region ist, so daß hier wahrscheinlich eine Verbindung zwischen Mensch und Kasuar hergestellt wird, um damit die Kraft und Macht der in der Maske verkörperten Vorfahren auszudrücken.

Douglas Frazer beschreibt in seinem Buch die Masken der Bella Coola (Nordwestküste Amerikas). Ein Gefühl der Angst und Unruhe laste auf den Masken, obwohl sie auf den ersten Blick

»kagungu«-
Maske, Bayaka,
Kongo-Kinshasa.
Funktionen: Krankenheilung, Förderung von Fruchtbarkeit, Schutz vor Unwetter

kraftvoll und gefühlsbetont erschienen. Einen Grund dafür sieht er darin, daß dieser Stamm einstmals durch einen fremden Stamm geographisch gewaltsam verschoben und von seinen eigentlichen Nachbarn abgeriegelt wurde und nun als friedliebendes Volk in dieser bedrängenden Situation leben mußte. »Der flehende ängstliche Ausdruck der Figuren ist also die unmittelbare Folge ihrer Reaktion auf die ihnen durch ihre aggressiven Nachbarn aufgezwungene Lage.« (D. Frazer, *Die Kunst der Naturvölker,* 1962)

Was nun die Funktionen der Maske angeht, so erscheinen sie auf den ersten Blick unüberschaubar. Masken sollen abschrecken oder bestrafen, aber auch reinigen, beschützen und Glück bringen. Masken sollen Kranke heilen, Vorfahren vergegenwärtigen, Fruchtbarkeit beschwören oder die Existenz nach dem Tode garantieren.

Bevor wir hier eine gliedernde Ordnung herzustellen versuchen, wollen wir uns zunächst einigen Gemeinsamkeiten zuwenden, die bei aller Verschiedenartigkeit der Verwendungskontexte offensichtlich sind.

Maskenkult – Maskenkünstler – Maskentanz

Bei allen Naturvölkern fungiert die Maske als ein rituelles Instrument. Sie wird zu kultisch-religiösen Zwecken eingesetzt und ist dementsprechend heilig. Oft werden sie in besonderen Kulthäusern aufbewahrt und dort ständig bewacht. Manche werden nur Auserwählten gezeigt oder erscheinen nur zu ganz besonderen Anlässen.

Daraus geht klar hervor, daß die Maske hier nicht als ästhetisches Objekt mit Kunstcharakter gedacht ist – wie sie heute von Sammlern und Kunstliebhabern betrachtet wird –, sondern als ein religiöser Gebrauchsgegenstand. Das ist als solches kein Widerspruch, denkt man daran, daß alle Kunst ihren Ursprung aus Magie und Religion herleitet.

Dementsprechend ist auch der *Maskenhersteller* nicht mit unserem heutigen Verständnis des Künstlerbegriffs zu fassen. Da die Kunst der Naturvölker nie ästhetischen, sondern rituellen gesellschaftlichen Zwecken dient, erfüllt der Künstler lediglich die Aufgaben, die die Gemeinschaft ihm stellt, und handelt so als ein Teil von ihr. Oft ist ein ganzer Stamm mit der Herstellung von Masken und sonstigem kultischen Gerät beschäftigt, manchmal sind es Auserwählte: Bei den Mundugumor auf Neuguinea sind es z. B. diejenigen, die mit einer Nabelschnur um den Hals geboren werden. Aber auch diese Auserwählten haben sich nebenbei um ihren Lebensunterhalt zu kümmern. So produzieren sie auch nie – etwa aus eigenen künstlerischen Ambitionen – über das hinaus, was von ihren Auftraggebern, den Stammeshäuptlingen, Priesterschaften, Geheimbünden, verlangt wird.

Hieraus läßt sich bereits entnehmen, daß Innovationen oder Ausdruck von Individualität für den Naturkünstler keinerlei Rolle spielen. Eingebunden in eine lange, strenge Tradition, die die Formgebung weitgehend festlegt, verkörpert der Künstler in seinen Masken die in seiner Gesellschaft gültige Version der Wirklichkeit. Er schafft dauerhafte, immer wiederkehrende Symbole, die ihre Wurzeln in der Vergangenheit haben.

Diese symbolhafte Weltschau findet ihren Ausdruck im Mythos, der als Erklärungsversuch der Weltschöpfung und der Seinsordnung das Selbstverständnis eines jeden Stammes bestimmt. »Durch Offenbarung der Vergangenheit prägt er die Gegenwart und bestimmt die Zukunft« (Waldemar Stöhr). Gerade im Rahmen der Vergegenwärtigung mythologischer Geschehnisse, vermischt mit Begebenheiten der Stammesgeschichte, findet die Verwendung von Masken ihren Höhepunkt. Im Kultdrama, einem Gesamtkunstwerk aus Mimus, Tanz und Mystik, repräsentieren sie die Wesen der Vorzeit. Der Mythos bestimmt weitgehend die Formgebung der Masken, deren Details in ihm begründete symbolische Bedeutung haben, die nur Eingeweihten verständlich ist (2).

Die Verlebendigung der Maske durch *Tanz* und Musik ist eines der wesentlichsten Merkmale aller Naturvölker-Masken und verdient besondere Beachtung. Nur in Verbindung mit dem Tanz kann die Maske ihre magische Wirksamkeit entfalten. Zwei Beispiele dazu:

Von den Thompson-Indianern wird berichtet (Lévi-Strauss), daß es ihnen nicht viel ausmacht, wenn ihre Masken von Feinden

ıtiationsszene »puti« im Kulthaus, Abelam, Papua, Neuguinea, Höhe 390 cm

Maskentänzer des Duk-Duk-Geheimbundes, Gazelle-Halbinsel, Neu-Britannien, Mela

geraubt werden, da jene die Gesänge und Tänze nicht kennen, welche allein die Maske wirksam machen. Auch in Südamerika wird den Masken nur dann Regen erzeugende Kraft zugeschrieben, wenn sie im Zusammenhang des Tanzes verwendet werden (A. Lommel).

Daß der Tanz die Maske zum Leben erweckt, ist innerhalb des Verständnisses der Naturvölker völlig wörtlich zu nehmen. Was hier geschieht, ist ein faszinierender Prozeß der Verzauberung, der für uns nicht so ohne weiteres nachvollziehbar ist. Wenn der primitive Mensch (3) in der Maske eines Löwen einen kultischen Tanz vollführt, so *ist* er in diesem Moment der Löwe – sowohl für die Zuschauer als auch für ihn selbst. Bei völliger Identifizierung reproduziert er den Löwen in Lauten und Gebärden.

Wie soll dies Erstaunliche zugehen, daß ein Mensch seine eigene Identität aufgibt und die eines anderen Wesens annimmt?

Für uns, die wir gewohnt sind, uns selbst von anderen Menschen und Wesen sowie der Umwelt allgemein klar rational abzugrenzen, alles in ein eindeutiges Beziehungsgefüge zu setzen, Traum und Wirklichkeit voneinander zu trennen, ist das Verzauberungsphänomen eine abstruse Vorstellung.

Zwei Dinge können im wesentlichen diesen geheimnisvollen Prozeß verständlicher machen: zunächst die Wirkung von Tanz und Musik und des weiteren das besondere Wesen der primitiven Psyche.

Zuerst zum Tanz. Rolf Italiaander beschreibt in eindrucksvoller Weise die Wirkung des Negertanzes auf ihn als Europäer im heutigen Afrika. »Wir Europäer stellen etwas dar, wenn wir tanzen. Die Neger sind es ... Wenn man mit den Negern tanzen will, muß man ohne Einschränkung sein Europäertum aufgeben, man muß sozusagen versuchen, ›selbst Neger zu werden‹. Wie etwa geht das vor sich? Zuerst einmal muß man sich entspannen und sich völlig gelöst in die Reihen der Tanzenden begeben. Tut man das ohne Vorbehalte und Einschränkungen, braucht man nun gar nicht hinzusehen, welche Schritte und Gebärden die anderen machen. Man macht sie bald automatisch, ein unüberwindbares Gesetz zwingt sie einem auf: ein magischer Zwang! ... Daher rührt es auch, daß einem tanzende Freunde häufig wie Fremde vorkommen, wie Besessene. Ja, sie sind besessen, sie befinden sich während der Ekstase des Tanzes in einer anderen Welt.« (R. Italiaander, *Tanz in Afrika,* 1960)

Das Interessante an diesen Ausführungen ist, daß hier die ekstatische, rauschhafte Wirkung der Naturvölkertänze als Erlebnismöglichkeit auch für den ›Zivilisierten‹ dargestellt wird. Nimmt man den Bericht Margaret Meads über die intensive Einstimmung auf das kultische Geschehen hinzu – »Die Zeremonie wird tagelang vorbereitet, Streit und Schreierei sind verboten; morgens und abends erklingen die Flöten und alles ist auf ein gemeinsames Ziel gerichtet« –, vergegenwärtigt man sich ferner die suggestive Wirkung rhythmisch schlagender Trommeln und nicht zuletzt die visuelle Faszination der Maske selbst in ihrer Aura der Heiligkeit, so wird dies eigentlich im Bereich des Metaphysischen angesiedelte Wandlungsgeschehen etwas verständlicher (M. Mead, *Jugend und Sexualität in primitiven Gesellschaften,* Bd. 3, 1981).

Es sind Techniken der Ekstase und der Trance, die bei den Naturvölkern regelrecht kultiviert werden, die die Identitätsverschmelzung des Maskenträgers mit der Maske ermöglichen und ihn körperliche Anstrengungen über Stunden und Tage, ja selbst akrobatische Höchstleistungen – mit Stelzen, Kopfaufbau und dergleichen – vollbringen lassen, die wahrhaft übermenschlich-dämonisch anmuten.

Ein Beispiel: »Der Kumang selbst war erst klein wie ein Kind von zehn Jahren; dann aber wuchs die Maskengestalt mächtig empor zur Höhe der Palmbäume. Er wechselte beim Rundtanz ständig die Größe, die Form, die Geste ... Er rückte empor und sank zusammen. Er wechselte die Form seines Federkleides und schien bald größer, bald kleiner, bald weißer, bald grauer. Er tanzte schon am Mittwoch, dem ersten Tage seines Auftretens bis in die Nacht hinein ...« (Nach Leo Frobenius' Bericht über eine afrikanische Geheimbundzeremonie, in: L.F., *Kulturgeschichte Afrikas,* 1933).

Hier wird vorstellbar, daß die Zuschauer als Teilnehmer der kultischen Handlung völlig ergriffen werden und im Moment des Geschehens wirklich der Meinung sind, die Inkarnation eines Dämons oder Geistes vor sich zu haben, auch wenn sie im Grunde wissen, daß unter der Maske ein Mensch steckt.

Im letzten bleibt jedoch Geheimnis, was den Maskentänzer zu dieser ungeheuren Leistung befähigt und wie es ihm möglich ist, die psychische Identität mit dem Maskenwesen herzustellen. Die Sehweise C. G. Jungs hinsichtlich der primitiven Psyche sei hier ein letzter Annäherungsversuch. Nach seiner Meinung ist diese dem Unbewußten sehr, sehr nahe. Das Bewußtsein als Neuerwerbung der Natur ist bei den Primitiven noch schwach und leicht verletzbar. Sie empfinden ihre Seele oder Psyche noch nicht als festgefügte Einheit, sondern ständig durch den Ansturm unkontrollierbarer Emotionen bedroht. Das bedeutet, weder der einzelne noch das Kollektiv hat hier ein Identitätsgefühl erreicht, das dem unsrigen vergleichbar wäre. Das ermöglicht ihm jedoch auf der anderen Seite, leichter in unbewußte Bereiche hinabzutauchen und von dort aus archetypische Symbole in der Maske zu veranschaulichen, die uns nur manchmal noch im Traum zugänglich sind.

Verwendungskontexte

Bei der Frage nach den magisch-kultischen Funktionen der Maske bei den Naturvölkern stoßen wir auf eine Fülle unterschiedlichster Zweckbestimmungen. Masken sollen abschrecken, beschützen, helfen, Recht sprechen, Krankheiten heilen, geistige Kräfte von Toten bewahren, Fruchtbarkeit garantieren, Initiationen vollziehen, magische Beeinflussung von Naturkräften ermöglichen u. a. m. – eine unüberschaubare Funktionsfülle, die sich einer Ordnung zu entziehen scheint.

Filtert man als übergeordneten Aspekt den der Vergegenwärtigung heraus, ergibt sich immer noch eine Vielzahl von Möglichkeiten : Masken repräsentieren Naturkräfte, verstorbene Vorfahren, Totemtiere, Götter, Hilfsgeister, Dämonen. In der Tat bieten sich alle diese Erscheinungsformen in ein und derselben Region meist als Mischung dar, jedoch lassen sich Vorrangigkeiten feststellen, die im Zusammenhang mit der jeweiligen sozio-ökonomischen Grundstruktur stehen, die das Bewußtsein und damit die kulturellen Äußerungen prägt, zu denen die Maske gehört.

Vor diesem Hintergrund habe ich mich entschlossen, meinen Betrachtungen den entwicklungsgeschichtlichen Aspekt menschlichen (Bewußt-)Seins zugrunde zu legen, um damit gewisse Grundzüge darlegen zu können, die das Verständnis der Einzelphänomene erleichtern sollen.

Der sogenannte 'Zauberer' aus der prähistorischen Höhle in Trois-Frères, Südfrankreich ▷

Maske und Tierkult

Masken tauchen bereits in den frühesten Zeugnissen menschlicher Kultur auf. Genauer gesagt sind es Tiermasken bzw. Tiermaskierungen. Sie bilden die älteste Form der Maskierung überhaupt. Ihre Darstellung taucht schon bei den Altsteinzeitmenschen auf: in den im 19./20. Jahrhundert entdeckten Höhlenmalereien in Frankreich und Spanien, die etwa zwischen 30000 und 13000 v. Chr. entstanden sein dürften. Die Höhlen sind schwer zugänglich und dienten den damaligen Jägerhorden als Kultraum. Sie beherbergen in der Hauptsache Abbildungen von Tieren in verblüffender Realistik, aber auch insgesamt 55 Darstellungen von Menschen in Tierverkleidung. Z. B. bläst ein in ein Tierfell gehüllter Mann eine Flöte, als wolle er die Tiere mit diesen Tönen betören. Oder es beherrscht ein Mensch mit Hirschgeweih, Pferdeschwanz und Bärenpfoten eine Herde von fast 500 Tieren.

Es gibt in den Höhlen zahlreiche Hinweise auf rituelle Handlungen, die dort vollzogen wurden. Fußabdrücke im Lehm deuten auf Tänze, die dort stattfanden. Handabdrücke als Umrahmung vieler Tierdarstellungen sowie zahlreiche Tötungsabbildungen lassen den gedanklichen Hintergrund ahnen, der die Form dieser Riten bestimmte.

Bezeichnenderweise findet man ganz ähnliche Riten bei den Naturvölkern, die sich heute noch auf einer steinzeitlichen Entwicklungsstufe befinden, z. B. bei Jägerstämmen Afrikas oder Australiens. Auch die Tänze in Büffelmaskierung, die von den Prärie-Indianern Nordamerikas vor der Büffeljagd aufgeführt wurden, gehören in diesen Zusammenhang.

Das bedeutet: Überall dort, wo wir auf die früheste Stufe des nicht seßhaften Jägers stoßen, finden wir vornehmlich Masken und Maskierungen, deren Funktion im Tierkult begründet liegt.

Dieser Gesichtspunkt macht es notwendig, sich einmal das Verhältnis des Menschen dieser Kulturstufe zum Tier zu vergegenwärtigen, das für uns, die wir das Tier als Dienstleistungs- oder Hätschelobjekt behandeln, gar nicht mehr so ohne weiteres vorstellbar ist. Auf jener Stufe der ökonomischen Entwicklung ist der Mensch im höchsten Grade vom Tier abhängig. Er richtet sein ganzes Leben nach ihm aus, folgt seiner Nahrungsquelle nomadisierend überall hin und schützt sich andererseits vor seiner Gefährlichkeit. Mensch und Tier sind gleichgeordnete Teile der Natur. Ständig muß Überlegenheit bei der Jagd erkämpft werden; ständig wird das Ausgeliefertsein an die Natur und besonders an das Tier erfahren. Diese ökonomische Abhängigkeit bedingt das Phänomen des Jagdzaubers, bei dem die Tiermaskierung eine wesentliche Rolle spielt.

In seinem Zusammenhang sollen Tierbild und -maske magische Wirkung entfalten. Sie sollen das Jagdglück garantieren, indem im rituellen Vollzug die Tötungshandlung am Tierbild vorweggenommen wird. Durch das Anlegen von Tierhäuten wird seine Identität angenommen, um es damit nach den Wünschen des Menschen lenkbar zu machen. Dem liegt ein einfaches Analogiedenken zugrunde: Was dem Bild eines Tieres geschieht, erleidet zwangsläufig auch das reale Objekt. Wenn man aussieht wie das Tier, ist man dieses Tier und kann sein Verhalten bestimmen. Zwei Prinzipien spielen hier eine Rolle: Ähnlichkeit und Zusammengehörigkeit, die uns auch bei anderen magischen Bräuchen immer wieder begegnen. Beide beruhen (nach Freud) auf einer Ideenassoziation, einer Kombination von Gedanken, der als Motiv ein großartiges Zutrauen des primitiven Menschen zur Macht seiner Wünsche zugrunde liegt – vergleichbar einem Kind, das seine Bedürfnisbefriedigung halluziniert. Da sich Denken und Tun beim Primitiven kaum getrennt voneinander vollziehen, sind seine Gedanken und Wünsche für ihn allmächtig.

Vor diesem Hintergrund erwächst die Maske als ein magisches Instrument, als ein Instrument der Einflußnahme auf die Umwelt und ihre Gefahren, deren entscheidendster Faktor hier das Tier ist, das der Mensch achtet und fürchtet.

Diese allein aus der Notwendigkeit der Nahrungsbeschaffung erwachsenden magischen Praktiken reichen jedoch nicht aus, um das Phänomen des Totemismus (4) zu erklären. Auch wenn er innigst mit dem Jagdzauber verknüpft ist, gehen einige seiner Riten, bei denen die Tiermaske eine wichtige Funktion hat, darüber hinaus.

Totemismus als religiöse Vorstufe des Götterglaubens bezeichnet ein besonderes Verhältnis des Menschen zum Tier. Ein Clan verehrt ein bestimmtes Tier (5) – das Totemtier – als Stammvater, dem alle Mitglieder ihr Leben verdanken und der ihnen Schutz gewährt. Als Gegenleistung darf man das Totemtier weder jagen noch essen, denn alle Angehörigen seiner Gattung werden als Verwandte betrachtet. Bei Verletzung dieser Tabus setzen schwere Ahndungen (bis zum Tode) ein. Zu besonderen Zeitpunkten – meist einmal im Jahr – ist es den Clangenossen im Rahmen eines rituellen Festes jedoch gestattet, das Totemtier zu verzehren. Dabei sind die Teilnehmer wie ihr Totem maskiert und imitieren es in Lauten und Bewegungen. Oft bilden Versöhnungsriten den Abschluß dieses Totemmahls.

Es kommt auch vor, daß das Totemtier in Ermangelung eines anderen die Hauptnahrungsquelle des Clans ist. Dann spielen wiederum Versöhnungsriten eine wichtige Rolle, mit denen das Tier vor und nach der Jagd besänftigt wird.

Büffeltanz der Mandan-Indianer im Jahre 1833. Kupferstich von Karl Bodmer

Der Clan empfängt vom Totem seinen Namen und seine Embleme, was somit auch ein soziales Ordnungsgefüge mit Eheregeln etc. bedingt, so daß man zu dem Schluß kommen könnte, allein das sich hier manifestierende Bedürfnis nach Klassifizierung reiche aus, um diese insgesamt so merkwürdige Erscheinung zu

erklären. Jedoch gerade das sich in den nachahmenden Maskenriten zeigende starke Bedürfnis nach Identifizierung mit dem Totemtier, in dessen Zusammenhang auch die rituelle Einverleibung steht, bedarf einer tiefergehenden Begründung.

Der Religionswissenschaftler Rudolf Hernegger bezeichnet den Totemismus als unerläßliches Medium beim Prozeß der Identitätsfindung des Menschen. Seine differenzierten Ausführungen und Begründungen kann ich hier nur sehr verkürzt wiedergeben. Es geht um die Abgrenzung des Menschen als Gattung gegenüber dem Tier. Hernegger prägt hierfür den Begriff der kollektiven Identität. Aus dem angeborenen Nachahmungstrieb, der sich schon bei Primaten und auch bei Kindern zeigt, begründet er das Streben nach Identifizierung. Dieses erwächst wiederum aus der Notwendigkeit, das Handeln des Menschen auf ein Ziel hin zu orientieren, da sich gerade das menschliche Verhalten dadurch auszeichnet, daß es im Gegensatz zum Tier nicht nur rein triebbestimmt ist, sondern Entscheidung und Auswahl verlangt.

Wie das Kind seine Persönlichkeit nur durch Identifizierung mit den Erwachsenen herausbilden kann, so identifizierte sich der Frühmensch der Übergangsphase mit bestimmten Tieren und deren Eigenschaften – Stärke, Schnelligkeit etc. – durch Nachahmung ihrer Laute und Bewegungen, durch das Anlegen ihres Felles, da er die Tiere als völlig gleichgeordnete Bestandteile seiner Welt ohne großen Unterschied zu sich selber wahrnahm. Durch das Gruppenerlebnis eines solchen Tanzes, der immer ein gemeinschaftliches Ereignis war, konnte sich langsam eine Gruppenidentität, ein Gefühl von Gleichartigkeit bilden, so daß parallel zur Entwicklung des Denk- und Sprachvermögens eine Abgrenzung des Menschen gegenüber dem Tier möglich wurde.

Aus diesem Ursprung würde verständlich, warum zum ersten die Tiermaskierung die ursprünglichste Maskierung überhaupt ist und des weiteren, warum diese Form der Identifizierung mit dem Tier über die Praxis magischer Beeinflussung hinauswächst und sich im Verlaufe der Entwicklung die Vorstellungen vom zu verehrenden Stammvater bilden, dessen mythische Verdichtung im Bild der Tiermaske Ausdruck findet. Denn mit der Verfeinerung der Riten, der Differenzierung mythologisch-religiöser Vorstellungen wandelt sich auch die einfache Tierverkleidung zur Tiermaske, die nicht mehr nur Abbild, sondern eher Sinnbild – Projektion menschlicher Vorstellungen ist. So erklärt sich die Entwicklung der Totemmaske zu einer oft phantastischen Maskengestalt. Diese ist die Verkörperung eines inneren Bildes, das sich aus Wesen, Größe und Gewalt tierischer Kräfte zusammensetzt.

Anschauliche Beispiele totemistisch geprägter Masken finden sich an der Nordwestküste Amerikas, insbesondere bei den Kwakiutl-Indianern, die einen beweglichen Maskentypus entwickelt haben, bei dem durch eine Anordnung von aufklappbaren Teilen und verborgenen Verbindungsfäden im gewünschten Augenblick ein Aufspringen oder Davonfliegen von Maskenteilen bewirkt wird, so daß ein zweites Gesicht zum Vorschein kommt. So werden mythische Wesen dargestellt, die im Laufe der zeremoniellen Tänze plötzlich eine neue Gestalt annehmen oder die Stimmung wechseln – ein anschauliches Symbol für die Metamorphose vom Tier zum Menschen.

Auch die Eskimos Alaskas haben interessante Masken totemistischen Ursprungs aufzuweisen. Typisch ist bei ihnen die Darstellung eines Doppelwesens – halb Mensch, halb Tier – zur Erinnerung an die Zeiten, in denen Tiere Menschen wurden und Menschen noch Tiere waren.

Totemistische Gebräuche leben auch auf ökonomisch-kulturell höheren Entwicklungsstufen fort. Oftmals vermischen sie sich mit dem Ahnenkult, der bereits ein fortgeschrittenes menschliches Identitätsgefühl repräsentiert.

Dabei bemerkt man interessanterweise eine Neubewertung des Tieres. Das Bewußtsein menschlicher Überlegenheit manifestiert sich z. B. in vielen Initiationsriten: Der Häuptling unter der Maske des Totemtieres – beide sind in diesem Moment identisch – nimmt die Beschneidung der Knaben selbst vor. Damit erhält der Knabe seine Totemseele und muß doch gleichzeitig das Trieb- und Tierhafte in der Beschneidung opfern. Durch diesen doppelten Vorgang wird er in den Totemclan aufgenommen und zum Mann bzw. »Mensch«.

Die Afrikaner der Ostküste bezeichnen die Unbeschnittenen als Tiere. Sie haben keine Totemseele erhalten, aber auch die Triebhaftigkeit nicht geopfert, d. h., Tier und Mensch haben sich nicht geschieden, so daß das Tier übermächtig in ihnen bleibt.

Damit deutet sich bereits an, wie die Tiermaske im Verlaufe der Entwicklung ein anschauliches Symbol für die Trieb- und Instinktnatur des Menschen wird – für diese gefährliche Macht in ihm selbst.

In diesem Sinne ist sie auch bei uns noch zu finden: z. B. im Karneval oder als Motiv des Künstlers.

Maske und Schamanismus

Der Schamanismus (6) ist eine Form von primitiver Religion, die hauptsächlich in den zirkumpolaren Kulturen – Sibirien, Grönland, Alaska bis hinein nach Nordamerika – Verbreitung gefunden hat, wobei Sibirien als das eigentliche Zentrum allerdings ein wenig ausgeprägtes Maskenwesen zu bieten hat. Auch der Schamanismus kommt überall dort vor, wo sich ein frühes Jägertum erhalten hat, und ist demzufolge in enger Verknüpfung mit totemistischen Anschauungen und Gebräuchen zu sehen. Oft lassen sich die Phänomene kaum voneinander trennen, so daß die Frage zu

Tanzmaske aus Holz. Seehundkopf grün-rot-schwarz bemalt, Nordwestamerika

Rabenmaske, Nordwestamerika

stellen ist, ob und wo sich das eigentlich »Neue« des schamanistischen Maskenwesens manifestiert.

In Alaska und Nordamerika, dort, wo die schamanistische Maskenkunst ihren Höhepunkt bietet, lassen sich die Masken in zwei Typen unterteilen. 1. die Maske in Tiergestalt (Vorfahrengeister/Tierahnen) und 2. Masken als Verkörperung von Hilfsgeistern (Farbabb. 7/9). Diese Hilfsgeister konstituieren die eigentliche schamanistische Maske, die hier betrachtet werden soll; denn die Maske in Tiergestalt ist wohl eindeutig totemistischen Ursprungs.

Der Schamane, eine Art Zauberpriester oder Magier, ist meist ein kränklicher, psychisch labiler Mensch, der aufgrund dieser Persönlichkeitsmerkmale besondere Fähigkeiten besitzt, ›anomale‹ Bewußtseinszustände zu erreichen. In unserer Gesellschaft entsprechen dieser Art von Menschen wohl diejenigen, die wir wegen der extremen Abweichung ihrer inneren und äußeren Wahrnehmungen vom Normalen als geisteskrank ins Abseits schieben, weil sie uns angst machen. Ganz im Gegensatz dazu wird der Schamane in seiner Gesellschaft hochgeschätzt; sie macht ihn zum Ratgeber, Seher, Anführer der Gemeinschaft, dessen Visionen und Aussprüche als Eingebungen übernatürlicher Kräfte betrachtet werden und als Gesetz gelten.

Allerdings ist als Besonderheit des Schamanen gegenüber dem psychisch Kranken hervorzuheben, daß er sich durch einen geheimnisvollen Prozeß dazu in die Lage versetzt hat, seine ›Wahnbilder‹ zu steuern und ihnen nicht einfach nur ausgeliefert ist. Dabei spielt, wie wir sehen werden, die Maske eine sehr wichtige Rolle.

Die Seele des Schamanen, so glaubt man, verläßt seinen Körper, fliegt im Universum umher wie ein Vogel und sammelt Erkenntnisse von weit entfernten Dingen. Noch heute tragen sibirische Schamanen Vogelmaskierungen, die die Fähigkeit zur Transzendenz symbolisieren. Auf dieser Reise tritt er in Kontakt mit der Geisterwelt und holt von dort Rat und Hilfe für die Lebenden. Wieder ins ›Diesseits‹ zurückgekehrt, gibt er seinen Visionen Gestalt in Form der Maske. Mit diesen Masken verkörpert er die Hilfsgeister, mit denen er ›unterwegs‹ Kontakt aufgenommen hat. Durch den Maskentanz macht er sie sich dienstbar – zum Wohle seiner Gemeinschaft. Je mehr Masken ein Schamane anfertigt und verlebendigen kann, desto größer wird seine magische Macht, denn sie verweisen auf die übernatürlichen Kräfte, die der Schamane beherrscht. Bei den Tlingit z. B. (Indianer der amerikanischen Nordwestküste) läßt er bei Heilungszeremonien möglichst viele Masken auftreten, denn damit wachsen seine Behandlungschancen. Diese Masken sind gemeinhin mit symbolischen Einzelheiten überhäuft: Z. B. sollen kleine aus den Nasenlöchern und Wangen hervorkriechende Tiere die Fähigkeit der Sinnesorgane stärken, eine Krankheit abzuwehren.

Auf psychischer Ebene kann man das Anfertigen der Maske als einen Akt der Befreiung von inneren Bildern für die gefährdete Persönlichkeit des Schamanen selbst begreifen – vielleicht vergleichbar mit einem psychoanalytischen Prozeß. Zweifellos handelt es sich bei den Hilfsgeistern um Manifestationen seiner eigenen Psyche. In diesem Sinne wären die schamanistischen Masken die Veranschaulichung eines psychischen Kräftezuwachses, mit dem der Schamane seine Umwelt auf irrationale Weise bceinflussen kann, dort, wo sie rational nicht faßbar ist: in Bereichen der Krankheit, der Fruchtbarkeit, des Glücks, des zukünftigen Geschickes.

So erweist sich das Schamanentum als ein in sich schlüssiges System, das verschiedene Bewußtseinszustände, verschiedene Möglichkeiten des Seins erprobt und miteinander in Einklang bringt. Der Schamane wechselt in seiner magischen Funktion ständig zwischen unterschiedlichen Bereichen des menschlichen Selbst, dem Bereich des Unbewußten und dem des Wachbewußtseins, wobei er die intuitiven Erkenntnisse der unbewußten Ebene für das reale Leben nutzbar macht. Das wesentliche Instrument der bildhaften Veräußerlichung der in ihr symbolhaft verschlüsselten Wahrheiten ist dabei die Maske. Daß dies insgesamt ein sinnvoller und durchaus wirkungsvoller Prozeß sein kann, bestätigen die Ergebnisse psychoanalytischer Forschungen unseres Jahrhunderts.

Das Schamanentum hat diesen Ausgleich zwischen verschiedenen seelischen Bereichen scheinbar instinktiv kultiviert, denn ohne bestimmte Trance- und Ekstasetechniken wäre dieses Phänomen kaum denkbar. Von einiger Wichtigkeit ist in diesem Zusammenhang der gezielte Gebrauch von Drogen – sogenannten ›magischen Pflanzen‹. Vor allem die Anwendung des Fliegenpilzes spielt im Schamanismus eine herausragende Rolle. Seine halluzinatorische Wirkung war schon früh bekannt (7). Wohl immer dann, wenn sich allein aufgrund seiner Persönlichkeitsstruktur niemand zum Schamanentum berufen findet, müssen diese Pflanzen als Hilfsmittel dienen.

Besondere Beachtung verdient das Maskenwesen Ceylons, dessen Grundlage schamanistische Anschauungen bilden, auch wenn sie sich hier in eingeschränkter oder abgewandelter Form präsentieren (8). Es gründet sich hier ganz auf Bannungszeremonien, die den Krankheitsdämonen gelten, die nach dem Glauben der Ceylonesen für das Entstehen einer Krankheit verantwortlich sind, und zwar ist für jede Krankheit ein ganz bestimmter Dämon zuständig. Die Begegnung des Menschen mit ihm – meist an einem finsteren Orte – hat sie durch ihre schockierende Wirkung zum Ausbruch gebracht. Nun muß der Dämon veranlaßt werden, den Kranken wieder gesund zu machen, d. h. der feindliche Geist soll in einen helfenden gewandelt werden. Dazu dienen die pantomimischen Maskentänze, bei denen der Krankheitsdämon durch seine bildli-

Ceylonesischer Krankheit
dämon. Die 18 umgeben-
den Masken repräsentiere
die von ihm beherrschten
Krankheiten

che Darstellung in der Maske personifiziert wird, so daß er zeremoniell beschwichtigt und versöhnt werden kann. Diese Dämonentänze sind als Auslöser für den Heilungsprozeß gedacht und haben sicherlich ihre Wirkung, wenn man bedenkt, daß als Ursache der Krankheit oft gerade das psychische Schreckerlebnis genannt wird. So kann die visuelle Faszination der Maske und ihres Tanzes auf psychischer Ebene Widerstandskräfte gegen die Krankheit aktivieren, die für den Erfolg jeder Therapie notwendig sind.

Es ist auffällig, daß schamanistische Hilfsgeistermasken ausgesprochen anthropomorphe Züge aufweisen. Dies legt den Schluß nahe, daß sich in ihnen ein Stück Fortentwicklung menschlichen Bewußtseins manifestiert, denkt man vergleichend an die totemistischen Tiermasken.

Was ist das »Neue« am Schamanismus?

Im Grunde ist es der Glaube an eine immaterielle Geisterwelt – diese Vorstellung geht über den reinen Totemismus hinaus. Ihr Ursprung findet sich in der Auseinandersetzung des Menschen mit dem Tode. Dieser unheimliche Vorgang des plötzlichen Lebloswerdens bei Mensch und Tier, den man zunächst nur konstatieren konnte, drängte nach einer Erklärung. Der Vorgang des Todes bietet sich dar als endgültiges Entweichen des Atems parallel zum Aufhören jeder Lebensäußerung. Dieser unsichtbare Lebensstoff wird für den Frühmenschen zum Geistwesen (9). Es formt sich die Vorstellung, daß jedes Lebewesen eine körperliche und eine geistige Wesenheit besitzt, wobei diese Seele in magischer Einheit an Körperteile oder Bilder gebunden ist, also eben auch in der Maske in Erscheinung treten kann.

Aber nicht nur das Todeserlebnis prägte die Geistvorstellung, sondern auch das des Traumes. Für den Frühmenschen hatte er absoluten Wirklichkeitscharakter. Wie sollte man erklären, daß weit entfernt wohnende Verwandte oder Verstorbene plötzlich dagewesen waren, wenn man nicht eine geistige Substanz annahm, die den Körper verlassen kann? Die Ungeschiedenheit von Traum, Halluzination und Wirklichkeit ist ja auch gerade das konstituierende Merkmal des Schamanismus. Traumbilder werden zu Wesen, die man in Masken vergegenwärtigen und sich damit verfügbar machen kann. Eine Unzahl von Geistern bevölkert die Welt

– Verstorbene oder halluzinierte Traumwesen –, die eine Art ›Gegenwelt‹ zu den Lebenden bilden. Unter ihnen gibt es feindliche, aber auch helfende und beschützende. Sie sind personale Wesen, mit denen man verhandeln, die man beschwichtigen oder zu Hilfe rufen kann.

Damit werden sie zur frühesten Artikulation einer personalen Identität des Menschen, indem er in sie die Erfahrung seines eigenen Wesens projiziert.

In diesem Lichte erscheint die schamanistische Hilfsgeister-Maske als erstes »Selbstbild« des Menschen als ein Gemisch aus Intuition und Reflexion, aus Unbewußt-Bildhaftem und bewußter Seinserfahrung.

Maske und Ahnenkult

»Der Wunsch, den Ahnen in irgendeiner Form zu vergegenwärtigen, ist das stärkste Agens der melanesischen Kunst« (Waldemar Stöhr). »Die afrikanische Kunst erwächst ausschließlich aus dem Ahnenkult« (Andreas Lommel). (Farbabb. 3–6)

Die beiden Zitate verweisen auf den Tatbestand, daß es für die Verwendung der Maske im Kontext des Ahnenkultes eindeutig zwei, interessanterweise geographisch weit voneinander entfernte Hauptgebiete gibt, eben Afrika und Melanesien, wo sich in der Ausgestaltung und Funktion des Maskenwesens starke Parallelen finden.

Es stellt sich die Frage, ob es eine gemeinsame Grundlage gibt, die diesen erstaunlichen Sachverhalt verständlich machen könnte.

Betrachtet man die ökonomische Basis beider Gebiete, so stößt man auf einen Wandel, der allgemein in der Urgeschichte der Menschheit als entscheidender Einschnitt gilt. Im Gegensatz zu den nomadisierenden Völkern mit ihren totemistisch-schamanistisch geprägten Anschauungen sind die Stämme Afrikas und Melanesiens seßhaft. Sie betreiben Ackerbau, Viehzucht oder Fischfang. Wie ganz anders muß hier das Zutrauen in die eigene menschliche Kraft ausgebildet sein als bei umherschweifenden Stämmen, die sich in ihrer Lebensgestaltung völlig in die Abhän-

Kachina-Figur, San Juan Pueblo, New Mexico. Repräsentationsfiguren meist freundlich gesinnter Ahnengeister gigkeit des Tieres, der Natur begeben! Der seßhafte Mensch greift aktiv ein in die Gegebenheiten seiner Umwelt, er ist bereits in der Lage, selbst der Natur etwas abzutrotzen, wenn er die Regeln der Überlieferung, das Wissen, das sich im Laufe der Zeit über die Bearbeitung des Bodens, über Methoden der Aufbereitung von Feldfrüchten und ähnliches angesammelt hat, getreulich befolgt.

Woher bezieht er dieses Wissen? Natürlich von seinen Vorfahren. Ihre Kenntnisse und Errungenschaften sind von so ungeheuerlicher Bedeutung für die ökonomische Existenz dieser Gesellschaftsformen, daß sie, mangels Schrift, in anderer Form immer wieder ins Bewußtsein der gegenwärtigen Generation getragen werden müssen. Die Abhängigkeit vom Tier ist nun der Abhängigkeit von den Ahnen gewichen. Diese müssen nun zum Nutzen der Gemeinschaft immer wieder verlebendigt werden, um sich ihren Einfluß zu sichern und um sie selbst magisch zu beeinflussen. Daraus entstehen der Ahnenkult und die Ahnenmaske, denn sie ist das Instrument, das den Ahnen vergegenwärtigt, der Sitz seiner geistigen Kraft, die in ihr selbst und durch ihr Wirken für die kommenden Generationen erhalten bleibt – aufgrund der angenommenen Identität von Körperteilen oder Abbildern des Verstorbenen mit seiner Seele.

So findet man z. B. in Melanesien mit Schmucktätowierungen versehene, mumifizierte Ahnenköpfe, die in der Hütte der Sippe aufbewahrt werden, oder die Schädelknochen werden zu diesem Zweck einfach in kleine Behälter gelegt. Kunstvoller sind die sogenannten Schädelkorware gestaltet, bei denen der Ahnenschädel entweder selbst auf einem unterdimensionierten hölzernen Körper sitzt oder sich im aus Holz geschnitzten, gefäßartigen Kopf einer solchen Figur befindet. Diese Korware sind wahrscheinlich das Vorbild der aus Holz gefertigten Ahnenfiguren, die in ihrer Funktion der Maske eng verwandt sind.

Eines der interessantesten Phänomene dieser Region ist die Übermodellierung des abgetrennten Gesichtsschädels mit Ton, Wachs oder Kitt, dem ein Querholz für die Zähne des Maskentänzers eingefügt ist. Diese Schädelmasken entstanden wohl teilweise als Ersatz für die Mumifizierung, die aufgrund des Klimas Schwierigkeiten bereitete. Darüber hinaus bot sich mit ihnen die Möglich-

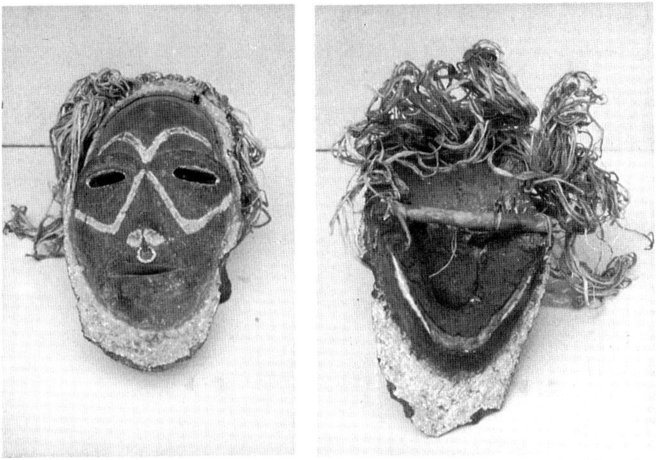

Melanesische Ahnenmaske aus einem übermodellierten menschlichen Gesichtsschädel, Gazelle-Halbinsel, Neu-Britannien

keit, den Vorfahren im Maskentanz zu verlebendigen. Ob diese Schädelmasken als Vorbild für Ahnenmasken aus anderen Materialien gedient haben, ist nicht zu beweisen. Als sie vor ca. 100 Jahren in Europa zum ersten Mal auftauchten, erregten sie jedenfalls großes Aufsehen, da man glaubte, den Urtyp der Maske überhaupt gefunden zu haben (10). Vielleicht könnte man die Umformung der Schädelmaske zur eigentlichen Ahnenmaske als einen Entwicklungsprozeß auffassen, der Parallelen mit der Wandlung der Tierverkleidung zur Tiermaske aufweist. Wenn die Ahnenmaske stark eingefallene Augenhöhlen besitzt, wird die Vorbildfunktion des Schädels besonders deutlich.

Bei welchen Gelegenheiten finden nun die Ahnenmasken ihre spezielle Verwendung? Im Sudan z. B. begleiten die Masken als Träger geistiger Kräfte, die mit Regen und *Fruchtbarkeit* in Verbindung stehen, die bäuerliche Tätigkeit, indem sie manchmal zur Ermunterung der Arbeiter auf dem Felde auftreten. Oder sie erscheinen im Rahmen eines Erntedankfestes, das gleichzeitig der *Verlebendigung des Mythos* dient: Die Masken stellen die Erschaffung der Erde dar, und alle Gestalten des Mythos ziehen in chronologischer Reihenfolge an den Zuschauern vorbei, die auf die Symbolik der Maske als Eingeweihte sehr empfindsam reagieren. Bei diesen Zeremonien wird die ökonomische Grundlage des Ahnenkultes am ehesten offensichtlich – ebenso die Wichtigkeit der Vergangenheit, die kontinuierliche Festigung der Tradition als Halt für Gegenwart und Zukunft, eine durch und durch konservative Weltanschauung, die allen Naturvölkern eigen ist.

Außerdem sind die Ahnenmasken als Verkörperung eines *Schutzgeistes* sowohl für den ganzen Stamm als auch für den Clan oder die Sippe von großer Bedeutung. Dabei nehmen die herausragenden Gestalten der Stammesgeschichte eine besondere kultische Stellung ein, da die Wirksamkeit ihrer Kraft in Relation zu ihrer irdischen Bedeutung steht. So treten die bedeutsamsten Masken nur in großen Zeitabständen zu ganz bestimmten Gelegenheiten auf. Bei solchen Maskenzeremonien hat dann der Clan Gelegenheit, Bedingungen für ihren Schutz, Verhaltensmaßregeln für ganz bestimmte Situationen entgegenzunehmen oder den Ahnen über zukünftige Ereignisse zu befragen. In Gestalt der Maske ist er zu diesem Zwecke gegenwärtig. Insgesamt wird der Erscheinung des großen Vorfahren Achtung und Ehrfurcht bezeugt, und er wird durch rituelle Opfer günstig gestimmt. Der einzelne hält sich mit seinen Nöten eher an direkte Vorfahren, die sein persönlicher Schutz- oder Hausgeist sind, z. B. verbildlicht durch eine Maske am Hausgiebel. Erfüllt dieser allerdings seine beschützenden Verpflichtungen nicht, so kann er seines Amtes ziemlich abrupt enthoben werden, und ein anderer Vorfahr tritt an seine Stelle.

Innerhalb der *Geheimbünde* (11), die in Afrika und Melanesien eine wichtige gesellschaftliche Funktion erfüllen, verkörpern die Masken große verstorbene Geheimbundführer; zunächst ebenfalls in ihrer Schutzfunktion. Ihre gewaltigen magischen Kräfte bewirken für alle Mitglieder Gesundheit, Kindersegen, gute Ernte, Kriegsglück. Darüber hinaus veranschaulichen diese Masken jedoch eher die antipodisch-negative Dimension der Ahnen in Form von Straf- und Tötungsrechten, die im Rahmen der Ahndung von Verbrechen oder Verstößen gegen die Sitte zur Anwendung kommen. Diese Gerichtsbarkeit wird innerhalb des Kultes an Ort und Stelle ausgeübt. Einerseits entspricht dies einer wichtigen

Kontrollfunktion innerhalb der Gemeinschaft, andererseits führt es häufig zu Machtanhäufung und Machtmißbrauch. Auf jeden Fall beruht die Mitgliedschaft, die über Stammesgrenzen hinausgeht, größenteils auf Prestigedenken. Der Ursprung der Geheimbünde ist umstritten, teils sieht man in ihnen die Keimzelle einer politisch-staatlichen Ordnung, teils wird ihre Entstehung als Reaktion auf die weibliche Vorherrschaft im Ackerbau aufgefaßt.

Festzuhalten ist, daß auch hier die Maskenzeremonien Tradition verlebendigen, um von den Ahnen Maßstäbe für das Handeln in der Gegenwart herzuleiten.

Bei den *Initiationszeremonien,* den Feierlichkeiten des Übergangs vom Jugendalter in den Erwachsenenstatus, die bei allen Naturvölkern vorkommen und deren Reste sich bis heute erhalten haben, offenbaren sich wiederum entwicklungsgeschichtliche Aspekte der Maske. Innerhalb des Ahnenkultes werden hier totemistische Ursprünge sichtbar. Totemtier und Schutzgeist des Ahnen sind hier im wesentlichen identisch. Der dramatische Auftritt eines Tier-Ungeheuers, das den Initianden verschlingt und wieder ausspeit, symbolisiert das Motiv des Todes und der Neugeburt – der Geburt einer neuen Identität. Das reale Erlebnis dieses Prozesses durch das Wirken der Maskengestalt, das tiefste Gefühlsebenen – Angst und Befreiung – zum Schwingen bringt, macht eine echte Wandlung des Selbstgefühls, was ja der Sinn jeder Initiation ist, leicht vorstellbar (12).

Nicht zuletzt ist unter diesem Aspekt die rituelle Beschneidung ein eindrucksvolles Erlebnis für den Novizen, die nicht aus hygienischen Gründen vorgenommen wird, sondern mehr im Sinne eines Blutopfers, als symbolische Tötung bzw. Selbstopferung zu verstehen ist. Sie wird meist von dem als Totem-Ahn maskierten Oberhaupt des Stammes selbst vorgenommen. Es ist eine Prüfung, die wohl die absolute Unterwerfung vor der durch die Erwachsenen und die Vorfahren verkörperten Ordnung bedeutet, bevor der Initiand in seinen neuen Status der Verantwortung eintreten darf.

Das Wissen um das Geheimnis der Masken selbst ist eine der wesentlichsten Eigenschaften vorzugsweise des männlichen Erwachsenendaseins. Im Rahmen der Initiation werden die Masken gezeigt, in ihren Kulthäusern wirkungsvoll präsentiert und die

Tänze und Riten erklärt, die sie wirksam machen. Insgesamt wird der junge Mann nun für würdig befunden, das Geheimnis zu bewahren, daß die Masken in Wirklichkeit von Maskentänzern zum Leben erweckt werden, eine Tatsache, die den Frauen sorgfältig verborgen wird (13). – Dies alles bedeutet jedoch keinen Widerspruch zum echten Wandlungsgeschehen beim Maskentanz selbst, wie wir es an anderer Stelle betrachteten.

Besondere Beachtung verlangen schließlich die *Bestattungsriten* selbst, einmal, weil hier wiederum Masken in wichtiger Funktion auftreten, und zum anderen, weil in diesem Kontext psychologische Hintergründe des Ahnenkultes beleuchtet werden können.

Die Bestattungsformen an sich sind vielfältig: Verbrennung, Beerdigung, den Leichnam der Witterung an einem bestimmten Orte anheimgeben. Einheitlich geht es bei den begleitenden Zeremonien jedoch darum, den Verstorbenen zu verabschieden und in seine andere Existenzform überzuleiten, von der aus er als Schutz- oder Bestrafungsinstanz für die Nachkommen weiterwirken kann. Dazu muß seine Seele von den Häusern der Lebenden an den Ort der Toten vertrieben werden, was erschreckende Maskengestalten durch ihr Auftreten bewerkstelligen. Andererseits schützt man sich vor den kürzlich Verstorbenen, indem man sich durch eine Maske unkenntlich macht.

In diesen beiden Verwendungssituationen von Masken offenbaren sich Dimensionen der Angst vor den Toten – wie sie sich auch in den strengen Tabugebräuchen hinsichtlich ihrer Berührung zeigen –, die angesichts der auf Ahnen*verehrung* aufgebauten Weltanschauung nicht so ohne weiteres verständlich sind.

Wieso wandeln sich – nach dem Glauben der Naturvölker – liebste Anverwandte, geschätzte Mitglieder der Gemeinschaft unmittelbar nach ihrem Tode in Dämonen, die den Lebenden aus Neid auf deren bessere Existenz nach der Seele trachten und ihnen Unheil bringen?

Dazu gibt Freud eine einleuchtende Erklärung. Er führt dieses Phänomen auf die Ambivalenz menschlicher Gefühlsregungen

Tatanua-Maske, nördliches Neu-Irland, Melanesien. Verkörperung von Verstorbenen bei Totenfesten ▷

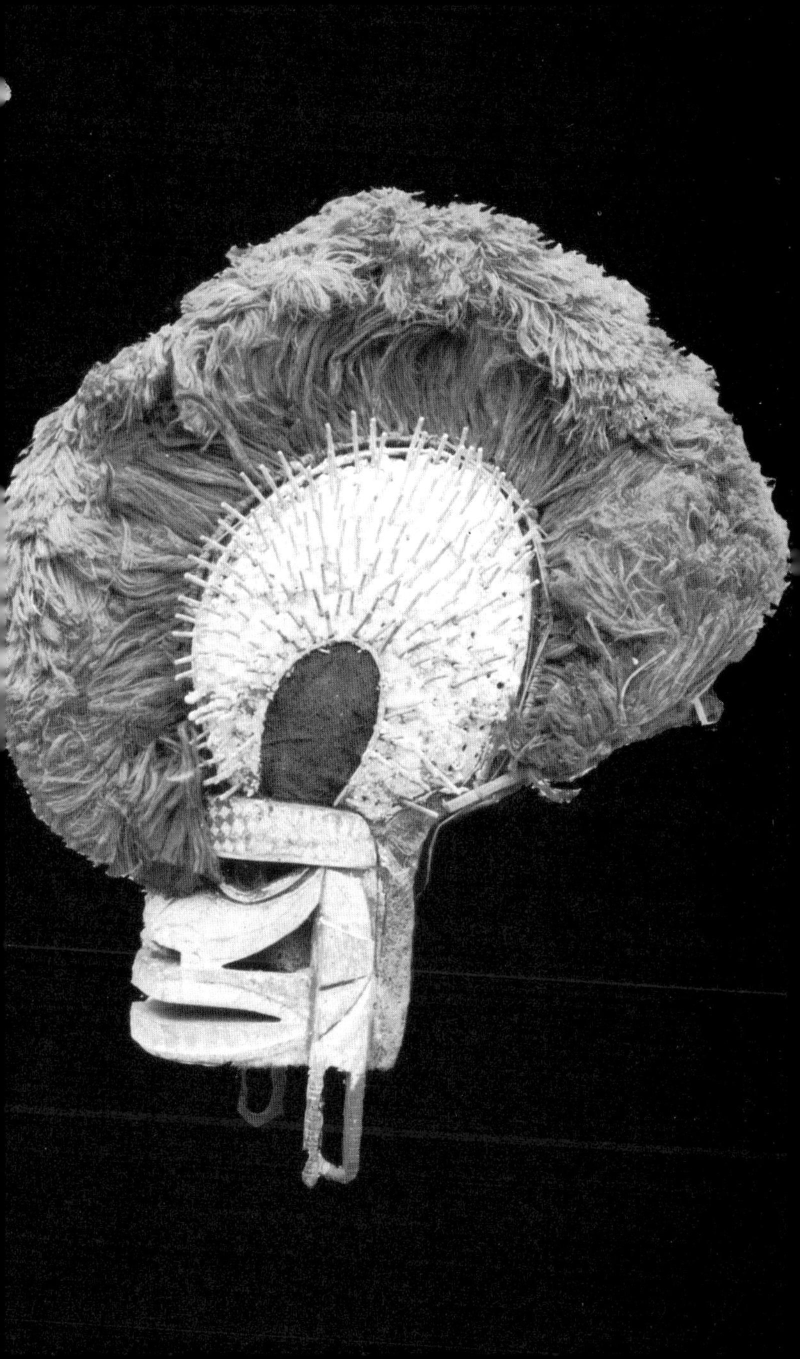

zurück. Neben Ehrfurcht und Liebe gegenüber dem Verstorbenen existieren ebenso eine Anzahl feindlicher Regungen, die sich nun nach seinem Tode in einem peinlichen Gefühl der Befriedigung ins Bewußtsein drängen wollen, jedoch so nicht zugelassen werden können. Sie werden abgewehrt und auf das Objekt der Feindschaft selbst verschoben, d. h. sie werden projiziert: Nicht ich bin es, der feindlich gesinnt ist, sondern der Verstorbene, den ich nun fürchten muß, der ja auch aufgrund meiner schlimmen Gefühle allen Grund dazu hat, zornig zu sein. Es besteht also ein Gefühlskonflikt zwischen bewußtem Schmerz und unbewußter Befriedigung, der durch die Projektion negativer Strebungen gegenüber dem Toten auf unheilvolle Dämonen erledigt wird. Dämonen- und Gespensterfurcht könnte also allgemein aus der Trauer um den Verstorbenen entstanden sein. Somit wäre auch der Ursprung der sie veranschaulichenden Masken beleuchtet: Wiederum werden bedrängende innere Wahrnehmungen und Gefühle in Form von Masken als ein Befreiungsakt der Psyche nach außen gestellt. Derselbe Mechanismus begegnete uns bereits beim Schamanentum.

Das in den Masken repräsentierte Bedrohlich-Dämonische kann durch die Zeremonien rituell besänftigt werden, so daß die Wandlung des Dämons zum Schutz- und Hilfsgeist erfolgen und sich die Furcht vor den Ahnen in Verehrung wandeln kann, wie es dem allmählichen Abklingen der Konflikthaftigkeit des Gefühls gegenüber Verstorbenen im Laufe der Zeit allgemein entspricht.

Die bewußtere Rezeption des Todeserlebnisses könnte damit unter psychologischem Gesichtspunkt die Entstehung des Ahnenkultes und des mit ihm eng verknüpften Maskenwesens erklären. Es ist jedoch wesentlich, daß es der menschliche Tod im besonderen ist, der hier in dieser Form bewältigt wird.

An dieser Stelle werden wir wieder auf den Aspekt der menschlichen Identitätsentwicklung gestoßen. Kann man die Ahnenmaske als Reflex einer höheren Stufe dieses Prozesses betrachten? Wenn auch Totemkult und Ahnenkult vielerorts miteinander verknüpft auftreten – so noch in Australien, wo sich in der Gestalt des Tierahnen gerade das bewußtseinsmäßig Nicht-Geschiedensein von Tier und Mensch verkörpert – , so wird doch gerade dort, wo sich seßhafte Kulturen bilden, das Teriomorphe, das Mischwesenhafte der

Maske aufgegeben zugunsten einer rein anthropomorphen Gestalt.

In Melanesien z. B. findet die Tiermaske als Totemzeichen eines Clans nur noch oberflächlich wie eine Art Wappen Verwendung. Hingegen haben wir gesehen, wie intensiv gerade hier der Schädelkult betrieben wird, wie sich also die Aufmerksamkeit auf den Menschen selbst gerichtet hat. Die Abhängigkeit vom Tier spielt in dieser Gesellschaftsstruktur auch kaum eine Rolle. Der Mensch ist in der Lage, durch eigene Aktivität seine Lebensgrundlagen zu sichern, auch wenn er sein Geschick noch immer in magischer Abhängigkeit von den Geistern weiß, die Fruchtbarkeit geben oder verhindern können. In diesem Zusammenhang werden die Ahnen als Schutzmacht gebraucht, ihre Lebenskraft, ihre Kenntnisse sollen im Bild der Maske weiter fortleben, um für die Lebenden nützlich zu sein. Ihre regelmäßige Verlebendigung im mythologischen Maskentanz, die Bewußtmachung von Großtaten besonderer einzelner schafft eine Art »Geschichtsbewußtsein«, auf das sich menschliche Identität stützen kann. Die Ahnen repräsentieren ein menschliches Werte- und Orientierungssystem – aus der Tradition erwachsene Konstanten menschlichen Selbstgefühls. Die Ahnenmaske ist somit ein Spiegelbild gefestigter kollektiver Identität, jedoch auch personaler Identität, denn die Ahnengeister als durchaus individuelle Wesen mit menschlichen Zügen und Eigenschaften sind nichts anderes als Projektionen menschlichen Selbstgefühls. Zwar ist der Mensch dieser Entwicklungsstufe (er verfügt noch nicht über die Fähigkeit bewußter Selbstreflexion) nur über den Umweg der Projektion in der Lage, sein Selbst zum Objekt seiner Aufmerksamkeit zu machen, jedoch sind die Anfänge dieses Prozesses hier zu finden. In diesem Prozeß ist die Maske ein entscheidendes Vehikel. In ihr geschieht die bildhafte Verdichtung des Selbstgefühls als Mensch. Im Totemismus besaß der Mensch noch kein Bild von sich selbst, jetzt wird das menschliche Antlitz zum Sitz der Lebenskraft. In der Maske repräsentieren sich hier erstmalig Individuen, und die visuelle Kraft der Maske wirkt auf menschliches Selbstbewußtsein zurück.

In Mittelamerika hat sich besonders ein Maskentypus in reinster Form ausgeprägt: die Repräsentation der *Naturkräfte* als Gottheiten. Vor allem Wind, Feuer, Wasser und Erde fungieren als Boten göttlicher Gaben und werden in den Masken personifiziert. Dabei ist die Sonne der umfassendste Naturdämon, der über Trockenheit, Regen und Krankheiten bestimmt. Es scheint, als träfe man hier bereits auf eine Gottesvorstellung, die auch großen monotheistischen Religionen zu eigen ist, denn obgleich es auf den ersten Blick eine Vielzahl von Gottheiten zu geben scheint, herrscht schon die Vorstellung von einem einzigen Gott, welcher sich nur in verschiedenen Masken zeigt – entsprechend einem transzendentalen Gott, der sich in jedem Mensch, jedem Ding offenbart.

Im Unterschied zu dieser ›modernen‹ Religionsform beruht die präkolumbianische Religion jedoch völlig auf Magie. Das heißt, die Naturgötter sind ebenso wie Ahnengeister, Hilfsgeister oder Tiere durch rituell-kultische Zeremonien des Menschen beeinflußbar. Über die Entstehung der Masken geht die Sage, daß die Dämonen ihre Gesichter abgenommen hätten, um sie den Menschen zu hinterlassen, damit sie die entsprechenden Beschwörungstänze aufführen könnten (Farbabb. 8).

Hier ist die Gottheit kein ethisches Ideal, das beispielsweise nach Maßstäben des Christentums handelt, sondern eine unberechenbare Naturmacht mit zerstörerischer Gewalt und im Grunde dem Menschen feindlich gesinnt. Dieser kann nur die Waffe der Magie einsetzen, um den schrecklichen Göttern begegnen zu können, diesen Göttern, in die der präkolumbianische Mensch seine allseits bedrohliche Umwelt hineinprojiziert hat. Blitz, Trockenheit, Schlangen, Steine, Vulkane – alles gilt als von okkulten Kräften gelenkt, die sein Leben oder seine Ernte gefährden.

Ganz im Rahmen animistischer Geisteshaltung glaubt man auch hier, daß menschliche Handlungen das Naturgeschehen in hohem Maße beeinflussen können. Es existiert eine Art Vertrag mit den Göttern. Der Mensch ernährt sie durch sein Opferblut, so daß sie bei Kräften bleiben. Gleichzeitig sichert er sich damit ihr Wohlwollen: gute Ernte, ausreichenden Regen und Wärme. Der Mensch als

Altmexikanische Steinmaske, 600–800 n. Chr. Wahrscheinlich zur Anbringung auf Totenbündeln vornehmer Verstorbener

schwaches, aber wichtiges Glied in einem Zyklus mächtiger, widerstreitender Naturkräfte, sprich Naturgötter – das etwa ist das Weltbild dieser prähispanischen Zeit.

In diesem Kampf wirkt die Maske als wichtiges kultisches Instrument. Wiederum verwandelt sie ihren Träger in die zu repräsentierende Gottheit. Der Priester trägt Gewand und Maske des Gottes, der im Kult günstig gestimmt werden soll – genauso wie die Götterstatue die Gottheit selbst ist. Ein unsichtbarer Gott ist für den magischen Menschen nicht vorstellbar. »Wem sollte man opfern, wenn man nicht die Götterbilder hätte!« (Paul Westheim) Auch hier gestaltet der Künstler die Masken als Zweckkunst. Sie versinnbildlichen die magische Gewalt der Gottheit. So tauchen sie auch innerhalb von Architektur an den Fassaden auf, um zum

Ausdruck zu bringen, daß dieses Gebäude und seine Bewohner unter dem Schutz der Gottheit stehen.

Insgesamt spiegeln diese Naturgötter-Masken ein Lebensgefühl des Ausgeliefertseins, der ständigen existentiellen Gefährdung. Nur die Magie, die Möglichkeit, sich mit den Göttern auf geistiger Ebene zu messen, gibt dem Menschen eine Art Selbstvertrauen und Selbstbewußtsein. Das Schreckliche und Erschreckende der Naturgewalten manifestiert sich im Begriff des Göttlichen. Indem man diese Kräfte in Form der Masken verbildlicht, kann man mit ihnen umgehen, kann man ihnen seine Identität als Mensch im magischen Kampf entgegenstellen. Auch hier hat also ein Selbstbewußtwerdungsprozeß stattgefunden, wie es der erreichten wirtschaftlichen Stufe des Seßhaft-Bäuerlichen entspricht (14).

Doch warum ist die Kultur und damit auch das Maskenwesen Alt-Mexikos so ganz anders geartet als in Afrika und Melanesien, wo wir die gleiche ökonomische Grundlage antrafen?

Dieser Aspekt ist in besonderem Maße geeignet, die Abhängigkeit der Kulturerscheinung ›Maskenwesen‹ von geographischen und klimatischen Bedingungen zu verdeutlichen.

Während wir in Äquatorial-Afrika und in Melanesien ein beständiges heißes und feuchtes Klima (örtlich mit regelmäßigen Regenzeiten) finden, ein Klima also, das durch seine Einheitlichkeit oder seinen festen Zyklus für den Menschen kalkulierbar ist, ist Mittelamerika die abwechslungsreichste Klimazone der Erde. Die Klimakarte bietet ein mosaikartig wechselndes Bild unterschiedlichster Bedingungen. Hinzu kommen etwa 90 tätige Vulkane, die das Gebiet erschüttern, sowie verheerende, unvorhersehbare Wirbelstürme. Diese ständigen geologisch-klimatischen Todesdrohungen dürften die Relevanz eines zerstörerischen Götterbildes verständlich machen. Angesichts dieser Unkalkulierbarkeit der Natur scheitert jedes Wissen der Vorfahren oder stößt zumindest an seine klaren Grenzen.

1 Melanesische Stülpmaske der Sulka, Neu-Britannien/Melanesien, aus Baummarkwülsten genäht, Höhe 70 cm ▷

2 Malangan-Maske, Melanesien, um 1900, Holz u. a., Höhe 151,5 cm, Breite 71 cm ▷

Epa-Maske, Yoruba/Nigeria, Holz, Höhe 125 cm (Fruchtbarkeitskult)

4 Kopfaufsatz, Bambara, Mali/Afrika, Holz, 70 × 26 cm (mythologisches Antilopenwesen)

Mokenge- oder Maschambay-Maske, Bakuba, Kongo/Afrika (Krankheitsgeist)

6 Kifwebe-Maske, Basonge, Kongo/Afrika (Totengeist)

7 Tlingit-Maske, Nordwestküste Amerika, 19. Jahrhundert, Holz (Schamanismus)

8 Aztekische Steinmaske, um 1500 n. Chr.

11 Barong-Maske, Tanzspiele in Bali

9 Kwakiutl-Maske, Nordwestküste Amerika, Holz u. a.

10 Tiger-Maske, Mexiko, Volkskunst, Mitt 19. Jahrhundert, 30 cm

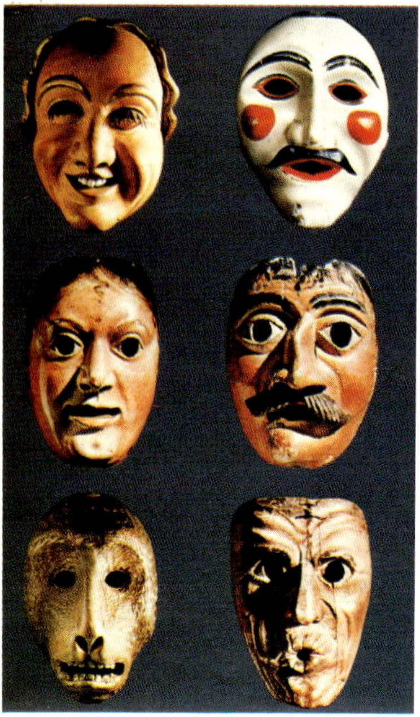

12 Alemannische Karnevalsmasken, Holz

13 Buttermandlhüpfen in Loipl im Berchtes
gadener Land

14 Baseler Fastnacht

Kölner Karneval: Jecken . . .

16 . . . in Aktion

Pac Man-Figuren im Vergnügungspark »Six Flags Over Texas«, Arlington, Texas

19

20

18–21 Neuer Venezianischer Karneval

21

Jedoch ergeben sich noch weiterführende Gesichtspunkte. Die Verankerung dieser Naturgötter-Masken in einer magischen Weltauffassung rechtfertigt zunächst ihre Betrachtung im Rahmen primitiver Kulturen. Jedoch wird man damit der alt-mexikanischen Hochkultur mit ihren Urbanisationen und ausgebildeten Herrschaftsstrukturen, wie sie die spanischen Eroberer vorfanden, nicht gerecht.

Wenn zu den Insignien des toltekischen Herrschers die Maske der höchsten Gottheit Quetzacoátl gehört – nicht nur, um ihm dessen Eigenschaften der Güte, Weisheit und Gerechtigkeit zu eigen, sondern um ihn mit diesem identisch zu machen –, d. h., wenn der König zum Gott wird und der Gott im König präsent ist, so hat hier, zumindest im Bewußtsein der Oberschicht, eine entscheidende Entwicklung stattgefunden, die ich hier nur andeuten möchte, da diese Art von Göttermasken nicht mehr in den Kontext von Naturvölkermasken gehören.

Der Priester-König der stadtähnlichen Siedlungen verkörpert einen nach oben strebenden Typus, den erst profitorientierte Wirtschaftsformen – im Gegensatz zu den weitgehend autarken Sippengemeinschaften der Naturvölker – hervorgebracht haben.

In ihm begegnet uns bereits ein Mensch vollausgebildeter Individualität, dessen Fähigkeit zur Selbstreflexion voll erwacht ist. Sein neues Selbstbewußtsein projiziert er in die Gestalten der allmächtigen und allwissenden Götter als handelnde Schöpferwesen, von denen er zudem die Legitimation seiner Machtstellung bezieht.

Diese Art der anthropomorphisierten Gott-Maske ist das Spiegelbild menschlichen Machtstrebens, das Spiegelbild eines dynamischen Wesens mit individueller Identität. Allerdings sind diese monotheistisch geprägten Auffassungen geistiges Eigentum der Oberschicht. Im Volke leben die alten Natur- und Tiergötter und ihre Kulte weiter fort (Farbabb. 10).

Betrachtet man die mexikanische Volkskunst heute, in der sich noch immer ein komplexes Maskenwesen erhalten hat, so findet man viele dieser alten Naturgottheiten fast unverfälscht wieder. Zum Teil sind ursprüngliche naturmythische Vorstellungen mit Inhalten des Christentums synthetisiert worden. So wurde die alte Sonnengottheit beispielsweise mit Jesus identisch (15).

Auch in der Kultur Alt-Mexikos spielte die Totenmaske eine wesentliche Rolle. Es existiert eine Abbildung von zwei Priestern, die um eine Trommel herumtanzen, der die Maske des Totengottes umgebunden ist. Dies deutet auf seine Anwesenheit in der Trommel – es ist seine Stimme, die mit dem Trommelschlag ertönt. Des weiteren gehörte die Maske zur Ausstattung des Toten und wurde bei Einäscherung des Leichnams einem Totenbündel an der Stelle des Kopfes aufgeschnürt, oder sie verdeckte das Gesicht des Toten. Dabei sind diese Totenmasken keine Porträts, sondern eher Sinnbilder menschlicher Identität. Zur Erhellung ihrer Funktion ist interessant, daß der präkolumbianische Mensch schon zu Lebzeiten kleine Masken als Brustschmuck oder am Gürtel trug, die sein psychisches, überwirkliches Ich im Gegensatz zum realkörperlichen repräsentieren sollten. Es liegt nahe, daß die Totenmasken nun diesen anderen Zustand des Seins im Existenzzyklus – so wurde der Tod aufgefaßt – anzeigen, vielleicht auch gewährleisten sollten; denn es gibt Vorstellungen von bestimmten Aufenthaltsorten der Toten bei verschiedenen Göttern. Diese richten sich bemerkenswerterweise nach Todesart und Beruf des Verstorbenen; so dienen z. B. die im Krieg Gefallenen auch im Jenseits weiterhin dem Kriegsgott. Stirbt jemand einen rituellen Opfertod, so wird ihm eine Paradiesesverheißung zuteil, die diese Todesart begehrenswert macht.

Insgesamt ist dem präkolumbianischen Menschen jedoch eine paradiesische Jenseitsvorstellung fremd, auch wenn sich hier so etwas anzudeuten scheint.

Ganz anders im alten Ägypten. Hier sind die Totenmasken die Garantie für »das Leben« des Menschen im Totenreich, welches ganz nach Art des Diesseits – im Ra-Kult mit paradiesischer Verklärung – gestaltet ist. Dem Weiterleben des Gott-Pharao nach seinem Tode, das abhängig von der Erhaltung seines Körpers ist, ist die ganze alt-ägyptische Kunst gewidmet. Neben Pyramiden, kostbar gestalteten Grabbeigaben, dem Phänomen der Mumifizierung (16) findet hier auch die Maske ihren funktionalen Ort: Sie ist die porträthafte Wiedergabe eines Individuums, für dessen Fortexistenz sie sorgen soll (17).

Dieses Phänomen sprengt nun wieder den Rahmen einer Betrachtung von Naturvölkermasken; denn die Hochkultur Ägyptens mit ihrer ausgeprägten monarchischen Staatsform, die eng mit den religiösen Jenseitsvorstellungen verknüpft war, war alles andere als primitiv. Jedoch gerade diese kulturelle Entwicklungslinie – verbunden mit einer ähnlichen im Bereich menschlicher Identität –, die hier wiederum sichtbar wird, wirft nochmals ein interessantes Schlaglicht auf die Gesamtheit des sich in den Masken spiegelnden Prozesses: von der Gewinnung kollektiver Identität, der Abgrenzung des Menschen gegenüber dem Tier, seiner Selbst-Bewußtwerdung als Art und schöpferisch handelndes Wesen bis zur Manifestation individueller Identität – Masken als Gesichter der Menschheit.

Noch heute stehen Totenmasken als Erhaltung der Gesichter berühmter Persönlichkeiten in der Tradition fortschreitender Individualisierung menschlichen Bewußtseins.

Kölner Totenmaskenhersteller mit Gips- und Bronzeabgüssen

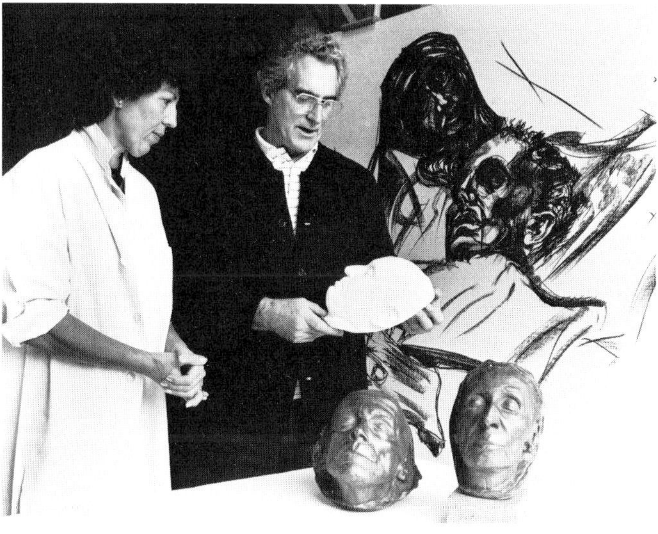

2 Karneval – Zeit der Masken

Wie die Säfte von selbst in Baum und Strauch aufsteigen, und Knospen, Blüthen und Früchte treiben, so scheint auch die Ausgelassenheit und Narrheit neu hervor zu quillen, wenn die wiederkehrende Sonne die Lebenslust erhitzt.

A. Fahne 1854

Die Ursprünge des Karnevals liegen im Magisch-Kultischen. Verfolgt man seine Entwicklung im abendländischen Raum von den Ursprüngen bis zur Gegenwart, so spiegelt sich in ihm und seinem Maskenwesen eine für dieses Gebiet spezifische Entwicklung menschlichen Bewußtseins, dessen wesentliche Determinanten der Einfluß des Christentums bzw. der Kirche in Verbindung mit der Ausbildung staatlich-politischer Herrschaftsformen sind.

Geht man davon aus, daß in Europa einmal ein Maskenwesen bestanden hat, wie wir es bei den Naturvölkern sahen – viele archäologische Funde, Details der Überlieferung und des Brauchtums deuten darauf hin –, so setzt spätestens mit der Verbreitung des Christentums parallel zu einer allgemeinen Umstrukturierung des Bewußtseins eine tiefgreifende Veränderung der Maskenkultur ein.

Bei den Naturvölkern haben wir die Maske als Projektionsfeld eigener Identität kennengelernt, als eine Verbildlichung sowohl von Kräften des Instinkt- und Gefühlsbereichs als auch beginnender Fähigkeiten bewußter Selbstreflexion. Jedoch ist dieses Menschenbild gerade dadurch gekennzeichnet, daß es aus einem verwobenen Netz verschiedener psychischer Bereiche besteht, die miteinander in Einklang stehen. Die Naturvölker akzeptieren anscheinend noch ungebrochen die Ambivalenz ihres Innenlebens. Das spiegelt sich auch in ihrer Auffassung von Geistern und Dämonen, die als ein und dasselbe Wesen sowohl positive als auch

Karneval am Kölner Dom ▷

negative Eigenschaften zeigen, so daß mit ihnen parallel zu mitmenschlichen Erfahrungen der Beschwichtigung, Versöhnung, Befriedigung verfahren werden kann. Die Maske vereinheitlicht widerstreitende Tendenzen zu *einem* Bild.

Im abendländischen Raum hingegen läßt sich ein Vorgang der Spaltung feststellen. Die zunehmende Wertschätzung des Intellekts, des wachen Bewußtseins, parallel zur Verbreitung christlich-moralischen Gedankenguts bewirkt eine negative Bewertung, eine Verurteilung der instinkthaft-triebbestimmten Seite des Menschen – bewirkt die Scheidung in den Dualismus ›Gott – Teufel‹ als Projektion der Aufteilung menschlicher Identität in gut und böse, hell und dunkel. Im alltäglichen Leben hat die »Nachtseite« immer weniger Platz, so fällt sie immer mehr der Verdrängung anheim.

Nur im Karneval darf sie sich zeigen – im Schutz der Masken sich entfalten. Er und seine Vorläufer bilden ein Ventil für diese mächtigen Kräfte – Kräfte, die durch enge Moralität der Normen oder obrigkeitsstaatliche Gesellschaftsstrukturen eingeengt und unterdrückt werden. Unter der Maske und durch die Maske kann die Auflehnung gegen jegliche Art von Zwang und Freiheitsbeschränkung stattfinden: Werte können auf den Kopf gestellt, Herrscher und Institutionen verspottet werden (1).

Der hier angedeutete Aufspaltungsprozeß menschlicher Identität, wie er sich im Laufe der Jahrhunderte in unserem Kulturbereich vollzogen hat, soll versuchsweise im Spiegel des Maskenwesens nachgezeichnet werden.

Antike Maskenfeste: Frühlings- und Fruchtbarkeitskulte

»Es ist außer Zweifel, das die tollen Fastnachtslustbarkeiten ihren Ursprung von den Heiden haben, welche dem Bacchus zu Ehren gewisse Tage dem Fressen, Saufen, Unzüchten und allerley Ausschweifungen gewidmet haben ...« (Enzyklopädie aus dem Jahre 1784)

Diese Abwertung der antiken Festlichkeiten als moralisch verwerflich entstammt offensichtlich einer oberflächlichen Betrachtungsweise, spiegelt jedoch glänzend die Einschätzung der Fast-

Innenbild einer griechischen Trinkschale: Dionysos und Silen, der die Doppelflöte bläst. Um 480 v. Chr.

nachtsbräuche als zur »Nachtseite« gehörig und deutet gleichzeitig auf ihren Ursprung.

Der *Dionysos-Kult* erlangte viele Jahrhunderte v. Chr. die Vorherrschaft in Griechenland. Dionysos (auch Bakchos, lat. Bacchus) galt bekanntlich als der Gott des Weines, aber auch der Vegetation und der Fruchtbarkeit überhaupt. Er war also ursprünglich ein Sinnbild der Natur und ihrer schöpferischen Kraft. Auch lehrte er die Nomaden Acker- und Weinbau und war somit auch der Urheber jeder Kultur. Dem Mythos nach kam Dionysos in jedem Frühjahr wieder übers Meer aus einem fernen Land, wo er sich den Winter über aufgehalten hatte, um die Kraft des Sommers erneut zu bringen. Daraus entstanden bei den alten Griechen Frühlingsumzüge, bei denen ein Schiff auf einen Wagen geladen wurde, um als segenbringend über die Felder gefahren zu werden (2). Gleichzeitig bedeutete dies die Wiedereröffnung der Schiffahrt. Mit maskierten Begleitern zog Dionysos (bzw. seine Maske) alljährlich in Athen ein, wobei bereits Spott und Scherz ein wichtiger Bestandteil dieser mit großer Pracht gefeierten Festlichkeit waren. Sein Gefolge schwang Thyrsosstäbe (3) und war mit Efeu, Weinlaub und Blumenkränzen geschmückt. Einige, in lange Frauenkleider gehüllt, erinnerten an die Nymphen, die Dionysos erzogen hatten. Andere waren als Satyrn und Silene (4) mit Tierfellen und Masken vermummt oder hatten ihre Gesichter mit Weinhefe bestrichen. Sie waren Geister der urwüchsigen Fruchtbarkeit der unbestellten Felder und der Wälder, also wohl auch ein Symbol des ursprünglichen jägerischen Nomadenlebens, dessen Roheit Dionysos überwunden hatte. Diese durch Flöten und Handpauken lautstarken Umzüge wogten in wilder Begeisterung durch die Straßen, wobei auch kriegerische Tänze aufgeführt wurden, bei denen sich Thyrsosstäbe in Wurfspieße wandelten.

Die Beschreibung läßt einerseits schon an die heutigen Karnevalsumzüge denken – wobei diese wohl ein schwacher Abglanz sind –, verweist aber auch in vielen Ähnlichkeiten auf die Maskenriten der Naturvölker, vor allem, wenn man Beschreibungen der Dionysosriten hinzunimmt, die dem Ursprung noch näher kommen.

Während tagelanger Weingelage suchten die Anhänger des Gottes die Vereinigung mit ihm in orgiastischen Riten. Oft fanden diese Feste nachts auf einem Berg statt. Wenn sie ihren Höhepunkt erreichten, stellten sich mit Hilfe des Weines, wahrscheinlich auch des Fliegenpilzes (5), Gottesvisionen ein. Frauen säugten Zicklein oder Rehkitze, zerrissen sie manchmal mit bloßen Händen und verzehrten sie feierlich – eine Totemmahlzeit? Außerdem waren sexuelle Betätigungen ein wichtiger Bestandteil dieser Riten, wobei anzunehmen ist, daß sie wie bei den Naturvölkern der Beschwörung von Fruchtbarkeit dienten.

Ebenso fanden Initiationsriten statt: Der Initiand wurde ganz seiner tierhaften Seite überlassen, um dabei die Fruchtbarkeitsmacht der »Mutter Erde« zu erfahren. Er wurde eingeführt durch den Genuß von Wein – eine symbolische Schwächung des Bewußtseins. Ein pompejanisches Fresko stellt ein solches Dionysos-Ritual dar: Dem Initianden wird ein rituelles Gefäß gereicht, in dem er die Spiegelung der göttlichen Dionysos-Maske sieht, die hinter ihm hochgehalten wird. So geht der Geist des Gottes unmittelbar in den Trank ein – eine raffinierte Variation der Vergegenwärtigungsfunktion der Maske.

Wie der Ort dieses bildhaften Zeugnisses – Pompeji – bereits andeutet, wurden die Dionysien bzw. Bacchanalien von den Römern übernommen. Noch zur römischen Kaiserzeit waren Dionysos-Masken, in Wald und Feld von Bäumen hängend, auf altarartigen Erhöhungen oder in der Stadt an mit Zweigen geschmückten Säulen aufgehängt, ein vertrautes Bild. Es gab auch schon verwandte Feste, hauptsächlich die *Saturnalien,* die im Dezember gefeiert wurden. Saturn war als Gründer Latiums die höchste Gottheit der Urvölker Italiens, neben Janus, mit dem er oft verschmolzen wurde. Auch ihm wurde wie Dionysos die Einführung des Ackerbaus sowie wohltätiger Gesetze zugeschrieben. Er war der Gott der Saaten, also ebenfalls ein Sinnbild der Fruchtbarkeit. Darüber hinaus glaubte man, daß es unter seiner Herrschaft ein goldenes Zeitalter gegeben habe, einen ursprünglichen Stand der Natur, in dem jeder Mensch dem anderen gleich war. So war das Fest das Sinnbild einer verlorenen Glückseligkeit. Man gab dieser gedachten ursprünglichen Freiheit anschaulich Ausdruck, indem man im Tempel ein wollenes Band löste, das in der übrigen Zeit des Jahres die Füße der Götterstatue umschlang.

Damit war jeder Zwang, jede durch die bürgerliche Verfassung eingeführte Beschränkung für die Zeitdauer des Festes aufgehoben. Alle öffentlichen Geschäfte ruhten, es gab weder Krieg noch Todesstrafen. Statt zu arbeiten, frönte man der ausgelassenen Fröhlichkeit, dem Glücksspiel und der Sinnenlust. Alle Standesunterschiede waren aufgehoben. Dem gab man durch seine äußere Erscheinung, ja Verkleidung insofern Ausdruck, als die Mächtigen öffentlich im Hauskleid statt der Toga erschienen und die Sklaven sich mit den Zeichen der freien Bürger – weißer Toga, Purpurrock und Hüten – schmücken durften. Sie hatten die Freiheit, mit dem Herrn an der Tafel zu speisen, ja sich von ihm bedienen zu lassen und über ihn zu spotten.

Auch bei den *Hilarien,* einem römischen Frühlings- und Fruchtbarkeitsfest, war alles erlaubt: »Wer Lust hat nehme eine Maske vor, und keine Würde sei so hoch und ausgezeichnet, daß man nicht deren Abzeichen tragen und seinen Scherz so weit treiben dürfe, daß es oft nicht leicht sei, die wirkliche Person von der maskierten zu unterscheiden.« (Herodian)

Daß es auch bei den Römern sehr ursprüngliche Maskenriten gab, belegt z. B. das Fest der *Lupercalien,* das bis ins 5. Jh. n. Chr. lebendig blieb. Bei diesem Fest des Gottes Lupercus (Wolf?) opferten die Luperci einen Bock und einen Hund, mit deren Blut ein Ritus vollzogen wurde. Dann liefen sie, nur mit einem Schurz aus Ziegenfell bekleidet, um den Palatin. Dabei schlugen sie mit Riemen aus dem Fell des geopferten Bocks die entgegenkommenden Frauen, die dadurch fruchtbar werden sollten. Anscheinend war dieses sehr altertümliche Fest ursprünglich ein Hirtenfest, das die älteste römische Siedlung auf dem Palatin vor Wölfen schützen sollte. Auch diese Feierlichkeiten fielen in die Zeit der Sonnenwende (6).

Alle diese antiken Maskenfeste gelten als Vorläufer des Karnevals. Ihre ausführliche Schilderung ist in doppelten Sinne interessant. Einerseits wird spürbar, daß sie in urzeitlichen, naturvölkerverwandten Riten verwurzelt sind, indem die Masken hier noch sehr deutlich die Funktion der Vergegenwärtigung erfüllen. Zum anderen finden sich Anhaltspunkte für die Umwandlung vom Fruchtbarkeitsfest zur Manifestation menschlicher Paradiesessehnsucht und den Versuch ihrer Verwirklichung im Maskenfest, was bereits auf dessen Ventilfunktion verweist und somit eine Brücke zur heutigen Zeit schlägt.

Das Verhältnis des Menschen zum Unbewußt-Triebhaften scheint damals noch ungebrochen gewesen zu sein. Die moralische Verurteilung dieser Maskenfeste setzte, wie wir sehen werden, erst später ein.

Masken und Narren im Mittelalter

Aus den Saturnalien und Bacchanalien gingen die verschiedenen sogenannten *Narrenfeste* des Mittelalters hervor. Dafür spricht schon allein der Zeitpunkt des in erster Linie zu nennenden Frühlingsnarrenfestes, der sich mit dem der Saturnalien deckt – 13 Tage von Weihnachten bis zum Hl. Dreikönigstag –, sowie sein Bestehen schon im 1. Jh. v. Chr. Allerdings wurde es durch das Christentum inhaltlich umgeformt: Nicht der erneute Frühlingseinzug, sondern die Geburt Christi wurde gefeiert. Dazu entschloß sich die Kirche jedoch erst etwa im 4. bis 6. Jh., nachdem Päpste und Konzile vergeblich versucht hatten, diese Festlichkeiten durch Verbot und Androhung der Verdammnis zu unterdrücken. »Es ist dies ein teuflisches Fest, das sie Bacchanalien nennen«, heißt es in den Schriften der Kirchenväter Anfang des 4. Jh.s. »Die Christen rasen vornehmlich an diesen Tagen, binden Larven vor, tauschen die Geschlechter aus, vermummen sich in Gespenster, Teufel, geben sich dem Bacchus und der Venus hin und halten allen Mutwillen für erlaubt.« Schließlich versuchte man, die tollen Ausschweifungen zumindest äußerlich zu regeln oder zeitlich zu begrenzen. Papst Gregor erklärt gegen 600 n. Chr. den Aschermittwoch zum 1. Tag des 40tägigen Fastens. Er erreichte damit nur, daß dem wilden Treiben ein festes Ziel gesetzt wurde, was jedoch nicht verhinderte, daß in den letzten drei Tagen der Festrausch um so ausgelassener genossen wurde. Die inhaltliche Umgestaltung änderte demnach an der Form recht wenig. Immer noch gab man sich den sinnlichen Freuden verschiedenster Arten hin, veranstaltete Maskentreiben und hob die Standesunterschiede auf. Letzteres griff mit der Zeit auch in die Reihen der Kirche selbst über. Einfache Priester wurden zum Narrenbischof oder »Papst« gewählt und in einem Maskenumzug zur Kirche geführt, wo sie den Segen austeilten. Überhaupt gestaltete das Volk christlich-religiöse Bräuche recht eigenwillig: Im französischen Vivier wurde anläßlich des Frühlingsfestes vier Tage lang die Vesper so gesungen, daß man leise anfing, immer lauter und lauter schrie und zuletzt in ein Gebrüll und Geheul überging. Danach fand immer eine Prozession statt. A. Fahne berichtet über weitere recht heidnisch anmutende

Gepflogenheiten: In dieser Zeit tanzte und sang man in der Kirche, zog sich gar nackt aus, legte Würste auf die Altäre, die man während der Messe verspeiste, nachdem man vorher darum gewürfelt hatte. »Man erschien in den ekelerregendsten Masken im Chor, viele sogar auf unzüchtige Weise als Weiber verkleidet.«

Hier mischt sich offenbar die Freude am verbotenen Tun (7) mit alten Fruchtbarkeitsriten. Die haben jedoch im Christentum ihre »Unschuld« eingebüßt, sie gelten als gotteslästerlich und verwerflich. Da man jedoch diese mächtigen Kräfte des Instinktbereichs durchaus nicht unterdrücken kann, wird versucht, die heidnischen Bräuche wenigstens der Kirche fernzuhalten oder die Priester zu geordneter Kleidung zu bewegen, denn immer endeten die Maskenumzüge in exzeßhafter Ausuferung in den Kirchenräumen, was ein Licht auf die tiefe Verwurzelung dieser Bräuche im religiös-magischen Empfindungsbereich des Menschen wirft. Erst 1536 konnte das Provincial-Konzil zu Köln bezeugen, daß in seinem Gebiet die Maskeraden und das Theater aus den Kirchen gebannt seien, wie dies u. a. Papst Innocenz III. (1198–1296) vorgeschrieben hatte. »Die dunklen, unterirdischen Seiten der Maske wurden ursprünglich in der christlichen Mysterien-Religion verdrängt, überwunden konnten sie nicht werden«, konstatiert O. Bihalji-Merin und führt als Beispiel ikonographisch festgelegte Mischgestalten wie den Hl. Christophorus mit dem Hundekopf an.

Im Verlauf des Mittelalters fand eine zunehmende Institutionalisierung dieses wilden, ungebärdigen, ursprünglichen Maskentreibens statt. Öffentliche Maskenumzüge wurden immer mehr zur Darstellung des Unklugen, des Ungereimten der menschlich-gesellschaftlichen Verhältnisse genutzt. Die Genossenschaften und Innungen waren an der Ausbildung dieses Narrentums maßgeblich beteiligt. Jedoch hatten im Grunde alle Stände daran Anteil. Beispielsweise schlossen sich – vornehmlich in Nordspanien und Süddeutschland im 12. bis 14. Jh. – Stiftsherren und angesehene Bürger dem Maskenzug in Begleitung einer Schaubühne an und ahmten unter der Maske lebende Könige oder Fürsten nach. Die Grenze zum Theater ist allgemein schwer zu ziehen. Hier deutet sich ein Prozeß der Profanisierung des Maskenwesens an, der in den *höfischen Maskenfesten des Feudalismus* gipfelte. Jeder Fürst, der etwas auf sich hielt, bot seinen Gästen auf seinen Bällen amüsante Zwischenspiele. Als »Show-Erlebnis« war dabei eine Maskerade, die zwischen Karneval und Theater anzusiedeln ist, unerläßlicher Bestandteil. Bei einem Fest Philipps des Guten gab es mehr als zwanzig solcher Attraktionen: U. a. kam ein prächtig gezäumtes Pferd in den Saal, welches Maskierte trug, die mit dem Rücken aneinander saßen. Dreimal erschien Jason und kämpfte mit feuerspeienden Drachen, Ochsen und Schlangen. Diese Tiere wurden teils durch Maskenträger, teils durch komplizierte Maschinerien belebt und weisen sich damit als Ahnen unserer heutigen Filmmonster aus – auch ein riesiger Walfisch wurde damals schon präsentiert.

Bei feierlichen Einzügen des Fürsten wurden vielfach öffentliche Maskeraden zur Volksbelustigung veranlaßt. Andererseits wurden Vermummungen – speziell auch die des Karnevals – oftmals von der Obrigkeit verboten, sei es wegen schlechter Zeiten (Teuerung, Krieg, Getreidemangel, Pest), sei es zur Verhinderung von Verschwörungen, die sich unter der Fastnachtsmaske hätten tarnen können (so geschehen 1795 in Köln durch französische Republikaner). Vermummungsverbote mit politischem Hintergrund sind durchaus nichts Neues.

Ein profanes Phänomen muß in diesem Zusammenhang noch erwähnt werden, bei dem die Maskierung ebenfalls eine wichtige Rolle spielt, auch wenn die Verbindung zum Karneval nur durch den Aspekt der Narrheit gegeben ist: *die Hofnarren.* Schon die Griechen nahmen ihre Existenz im Himmel an – Vulkan war der Lustigmacher der Götter. Auch die Römer hatten ihre Narren. Mit den Kreuzzügen fanden sie in ganz Europa Verbreitung. Zeitweilig hatte jeder Fürst, der etwas auf sich hielt, seine Narren. Sie verschwanden mit der Französischen Revolution. Die Funktion des Hofnarren erschöpft sich nicht nur in Belustigung. Er ist auch als Verkünder der Volksstimme oder als Ratgeber des Fürsten zu begreifen. Es gibt viele Hinweise auf ihre telepathischen Fähigkeiten, mit denen sie angeblich kommende Katastrophen voraussehen konnten. Insofern verkörperten sie auch ein fast schamanenhaftes Wissen jenseits des normalen Menschenverstandes.

Narr und Herrscher im Triumphwagen. Holzschnitt 1486

Ab etwa 1470 gab es in weiten Teilen Europas ein vereinheitlichtes Bild des Narren. Die Einzelheiten seines Kostüms sind in ihrer symbolischen Bedeutung im wesentlichen aus der Gegenüberstellung mit dem Erscheinungsbild des Herrschers zu erschließen. So bildet seine Eselsohrenkappe das lächerliche Gegenstück zur Herrscherkrone, sein grellbuntes grün-gelb-rotes oder schlichtgraues Kostüm den Kontrast zum feierlich-prunkvollen Fürstengewand. Die Marotte (8) entspricht dem Zepter, seine ordinären Narrenschellen sind die groteske Übertreibung feiner Glöckchen am Saum kaiserlicher Gewänder. Seine Kahlheit steht dem wallenden Haar und dem Bartschmuck »edler Häupter« gegenüber. Statt Ordensketten trägt er den Narrenorden, statt Reichsapfel die gläserne Kugel der Vanitas als Symbol der Nichtigkeit alles Irdischen. So bildet er das absolute Gegenbild des Herrschers – nicht unbedingt, um ihn in Frage zu stellen, denn dessen Macht ist unantastbar, und dies macht die Unverschämtheiten des Narren wohl erst möglich –, sondern um die Herrschergestalt um so leuchtender zur Geltung zu bringen. Denn der Narr steht typologisch für einen rückwärtsgewandten, außerhalb der gottgewollten Ordnung stehenden, Verwirrung stiftenden Typus, den nur der weise und gerechte Herrscher als positiver Antitypus überwinden kann. Letzlich ist er Symbol für eine dunkle heidnische Zeit: Er leugnet Gott, ist selbstherrlich, entbehrt jeglicher Einsicht und verführt die Menschen zur Sünde (nach W. Mezger).

Der Herrscher als Repräsentant der gottgewollten Ordnung verkörpert die entgegengesetzte, lichte Seite. Auch hier begegnet uns die Aufspaltung menschlicher Identität in die Dualität ›gut – böse‹, die in der antipodischen Maskierung von Narr und Herrscher veranschaulicht wird.

Neben dieser profan-höfischen Seite besteht im einfachen Volk ungebrochen der Karneval, der im Laufe der Zeit viele ähnliche Feste synthetisiert.

Vor allem an den *mittelalterlichen Mysterienspielen,* die eng mit dem Karneval verknüpft sind, aber auch schon in den Bereich des Theaters gehören, kann man verfolgen, wie die Maske immer mehr der dunklen Seite zugerechnet wird. Die ganze Kraft schöpferischer Phantasie wurde auf die Ausgestaltung verschiedenster Teufelsmasken verwendet, denn sie boten Gelegenheit, das im Alltag zu Verdrängende zu verbildlichen und auszuleben.

Diese Teufelsmasken sind das Produkt des Spaltungs- und Umformungsprozesses des Maskenwesens, den der Kampf der Kirche gegen den heidnischen Überschwang des Karnevals bzw. seiner Ursprünge herbeigeführt hat.

Fastnachtsbräuche

In den Ländern des Alpenraum sowie in Süd- und Mitteldeutschland hat sich ein ländliches Brauchtum erhalten, das weit ab von allen höfischen oder städtischen Verfeinerungen noch Reste ursprünglichen Maskenwesens bewahrt hat. Diese Bräuche, die vor noch nicht allzu langer Zeit die bäuerliche Tätigkeit des Säens und Erntens das ganze Jahr über begleiteten, sind heute noch zur Zeit der Fastnacht (9) in recht unverfälschter Form zu finden. An ihnen zeigt sich wiederum deutlich, daß der Ursprung karnevalistischen Treibens keineswegs allein aus dem Bedürfnis abgeleitet werden kann, es sich vor der langen Fastenzeit noch einmal recht wohl sein zu lassen. (Farbabb. 13)

Die eigentlichen Fastnachtsbegehungen entspringen ursächlich frühgeschichtlichen Kult- und Zauberhandlungen, die denen der Naturvölker sehr ähnlich gewesen sein müssen. Dafür gibt es vielerlei Hinweise. So haben sich wahrscheinlich in den vielfältigen Tiermasken noch totemistische Reste erhalten, denn es fällt auf, daß das Tier nicht in allen Bräuchen eine unheilvolle bzw. teuflische Dimension verkörpert, sondern im Gegenteil als segenbringend und fruchtbarkeitsfördernd angesehen wird. So ziehen z. B. die »Perchten« an Dreikönig in der Salzburger Gegend durch das nachtschlafene Tal, um die Mächte der Unfruchtbarkeit zu vertreiben. Sie sind in schwarze Schaffelle gehüllt und haben zu Hauben genähte Dachsfelle über einer Maske mit langen Zähnen, Hörnern, Schnäbeln und Borsten, manchmal auch mit beweglichem Kiefer. Diese als Tiere vermummten Gestalten, die mit Lärm von Schellen und Peitschen den Winter und dessen böse Geister vertreiben sollen, finden sich sehr häufig, so auch die »Hansele«-Gestalten im süddeutschen Raum. Sie haben ein mit bunten Tuchstücken besetztes Gewand, eine rüsselartig verlängerte Nase, einen Fuchsschwanz im Nacken und eine Peitsche zum Lärmmachen. Der Fuchsschwanz erinnert einerseits an die ursprüngliche Tiervermummung und könnte andererseits ein Symbol des besiegten Winters sein, da der Fuchs als ausgesprochenes Wintertier gilt. Bemerkenswerterweise findet man den Fuchsschwanz sehr häufig als Attribut der Narren.

Auch für Ahnenkult und Totenverehrung – wie es der bäuerlichen Gesellschaft entspräche – lassen sich im Brauchtum Hinweise finden. Es gibt beispielsweise Maskenumzüge von weiß vermummten Gestalten, auf deren mit Tüchern verhüllten Köpfen Mund, Nase und Augenhöhlen mit blauschwarzer Farbe totenkopfähnlich gemalt sind. Sie kommen von weit her durch den Schnee, treten in die bäuerliche Stube, wo sie von den Bewohnern erwartet und bewirtet werden. Schweigend treten die Masken an den Tisch, langsam hebt eine nach der anderen das Gefäß zum Munde. Dann spielt der Ziehharmonikaspieler einen kurzen Ländler, wobei die Masken untereinander, selten mit den Anwesenden ein paar Takte

Laternenträger und Musikanten der Baseler Fastnacht

tanzen, um sich dann geräuschlos zurückzuziehen. Diese Maskengestalten sind zweifellos die Vergegenwärtigung der toten Vorfahren, wie es auch die scheu-ehrfürchtige Reaktion der Zuschauer nahelegt.

Solche Totenverehrungsbräuche sind zahlreich.

Der Schweizer Jeremias Gotthelf formuliert in seinen Worten eine Begründung der Ahnenverehrung, wie wir sie sinngemäß schon bei den Naturvölkern sahen: »Was wir haben in Haus und Herz, was wir sind vor Gott und Menschen, was wir brauchen in Feld und Holz, in Küche und Keller, es sind ihre Erfahrungen und Erfindungen, ihre Erwerbungen und ihre Entdeckungen, die uns zugute kommen, auf die wir abstellen, um zu Höherem und Besserem zu gelangen. So hat jeder Anteil an der ungeheuren Erbschaft, und wo er nicht krank ist an tollem Übermut, danket er denen da unten für ihre Mühen, deren Früchte wir ernten in reicher Fülle« (nach A. Fehrle) (10).

Doch zurück zur Fastnacht. Bei den mit ihr verbundenen Frühlingsbräuchen kommt es immer wieder darauf an, keimendes Leben zu fördern und das Unfruchtbare zu beseitigen. In diesem Sinne finden sich noch häufig Überreste kultischer Kämpfe, bei denen Maskierte Winter und Sommer darstellen. Der unfruchtbare Winter wird getötet – der Sieg gehört dem Sommer. Oft werden auch Puppen aus Stroh oder anderem Material als Symbol des Winters verbrannt. Maskengestalten schlagen mit der Lebensrute vor allem junge Mädchen, um ihnen Gesundheit und Fruchtbarkeit zu bringen – eine Analogie zu lupercalischen Bräuchen. Große Feuer werden angezündet oder brennende Räder über die Felder zu Tal gerollt als fruchtbarkeitsfördernd und segenbringend. Diese Räder können wohl als Symbol der Sonne gelten, so daß sich hier Reste eines alten Analogiezaubers zeigen: Man macht der Sonne vor, was sie nachmachen soll, nämlich die Felder zu neuem Leben erwecken.

Als den Mächten der Fruchtbarkeit näherstehend, dürfen bei manchen dieser Riten auch einmal Frauen aktiv werden, obwohl es im allgemeinen verpönt war, daß sie sich am Fastnachtstreiben beteiligten. Daher rühren die zahlreichen Frauenmasken für Männer.

Nicht unerwähnt bleiben dürfen in diesem Zusammenhang die sogenannten Rügegerichte, wie z. B. das sogenannte Haberfeldtreiben in Bayern und Tirol, auch wenn dieser Brauch heute wohl ausstirbt. Verstöße gegen die Sitte wurden geahndet, indem der Schuldige in ein Ziegenfell (= Haberfell) gesteckt und in der Nacht mit Hohn und Spott von vermummten Gestalten durch die Gegend getrieben wurde. Hier wird man an die Justizfunktion der Geheimbünde erinnert. Vielleicht stammt diese Narrenfreiheit des Rügens auch aus dem Bestreben, alles Unrecht zu beseitigen, damit der Sommersegen einziehen kann.

Frauenmasken der Baseler Fastnacht ▷

Diese Beschreibungen sollen als Belege für die tiefe Verwurzelung dieses Maskenwesens in den Anfängen der Geschichte genügen. Natürlich ist es auch im alpenländischen Raum mit dem Gedankengut des Christentums überfrachtet worden, das zeigt sich z. B. daran, daß sich die traditionsbeladenen, holzgeschnitzten Fastnachtsmasken des süddeutschen und alpenländischen Raums (Farbabb. 12) mühelos in zwei Gruppen unterteilen lassen: die »Schönen«, welche in der Minderzahl sind, und die wesentlich zahlreicheren »Häßlich-Grotesken«, meist zahnlückige Hexen- und Teufelsgestalten. Diese mit Tierattributen versehenen Menschenmasken sind zweifellos durch christliche Einflüsse dahingehend geprägt, daß sie Geister der Unterwelt, des Bösen schlechthin repräsentieren, wobei nicht nur der Winter gemeint ist, sondern entsprechend der moralischen Verurteilung die Instinkt- und Triebnatur des Menschen. Als Gegenpol stehen die schönen Masken für Frühlings- und Fruchtbarkeitsgötter, für das Leben schlechthin. Der Grundgedanke der Polarität des Wechsels im jahreszeitlichen Rhythmus ist deutlich erkennbar. Jedoch sind die entgegengesetzten Tendenzen nicht mehr zu *einem* Bild vereinigt – etwa zu einem möglicherweise in der Maske repräsentierten Wachstumsgeist –, sondern auch hier in einen Positiv-Negativ-Dualismus geschieden.

Werfen wir noch einen Blick auf den heutigen »Alltag der Fastnachtsnarretei«, so werden wir konfrontiert mit einer Vielzahl von Förmlichkeiten, die einen wesentlichen Zweck des Narrentreibens – nämlich sich zeitweise außerhalb gewohnter Normen zu bewegen – fast zu pervertieren scheinen. In Baden-Württemberg z. B. existieren ca. 400 Narrenzünfte, welche durch Satzungen und Vorschriften das närrische Treiben reglementieren und sich laut eines ihrer Mitglieder damit als Garanten für Ordnung und Disziplin verstehen. Will sich jemand am Fastnachtszug beteiligen, so muß er in eine dieser Zünfte eintreten und eine Maske beantragen. Ist sie genehmigt, wird sie bei lizensierten Schnitzern in Auftrag gegeben und abschließend von einem Ausschuß begutachtet. Sie darf erst dann getragen werden, wenn das Maskenbändel mit der Lizenzplakette an der Larve befestigt ist. Maske und Gewand kosten ca. 1000 DM.

Narrengetümmel in Köln

Trotz allem haben die Zünfte heute noch großen Zulauf. Vor einiger Zeit hatten sie das Problem einer besorgniserregenden Hexenvermehrung zu bewältigen – ein Indiz für die Beliebtheit der »bösen« Masken als Möglichkeit, aus den Alltagszwängen des guten Benehmens zeitweise auszusteigen. Trotz aller Förmlichkeiten scheint das eigentliche Fastnachtsgeschehen immer noch genügend Chancen zu bieten, sich durch das Ausleben von Identitätsbereichen zu entlasten, die im offiziellen gesellschaftlichen Umgang verdrängt werden müssen. »Hinter der Larv bischt oi ganz anderer Kerle«, meint ein Zunftnarr dazu. Maskenrummel, Geschrei, Schütteln von Lärmgeräten, das Hüpfen und Tanzen in der Menge haben wohl nichts von ihrer befreienden Funktion eingebüßt.

Schon allein das Massenerlebnis bewirkt eine tiefgreifende Veränderung psychischer Tätigkeit. Die Affektivität wird gesteigert, die intellektuelle Leistung wird zugunsten der Angleichung an andere »Massenindividuen« eingeschränkt. Freud spricht von einer Regression zu einer primitiven Seelentätigkeit, in der das Unbewußte die Vorherrschaft hat, »wie man sie gerade der Urhorde zuschreiben möchte« – allein bewirkt durch das Eintauchen in die Masse. Kommt das Verschwinden des Individuums hinter der Maske hinzu, so könnte man sich vorstellen, daß man als Fastnachtsnarr gegebenfalls zu einer Ebene des Menschseins zurückfinden kann, die sich von der der Naturvölker nicht sehr unterscheidet. Es ist nicht ausgeschlossen, daß in dieser exzeßhaften Ausnahmesituation – Rausch, Masse, Lärm, Tanz, Trubel der Masken – ein ursprüngliches Identifizieren mit der Maske zustande kommen kann, wie wir es dort sahen.

Karneval gestern und heute – Italien, Rio, Deutschland

Die Narren der Fastnacht, deren Treiben – wie wir sahen – aus tief verwurzeltem Brauchtum hervorgegangen ist, legen Wert auf die Feststellung, daß sie mit dem Münchner Faschingsrummel oder dem rheinischen Karneval nichts gemein haben.

In der Tat haftet ihrem Mummenschanz bei aller augenscheinlichen »Verrücktheit« insgesamt ein ernster Charakter an. Seine Entstehung aus Ursprünglich-Bäuerlichem, die Begründung dieser im Kern magischen Praktiken aus existentieller Sorge um den Lebensunterhalt – um Saat, Ernte und Viehzucht – macht ihn begreifbar, auch wenn den Fastnachtsmaskenriten nicht mehr Glaube, sondern höchstens noch Aberglaube zugrunde liegt.

Die anderen Hochburgen deutschen Karnevals haben eine völlig andere Tradition.

So ist der *Münchner Fasching* wohl eine Fortsetzung höfischer Maskenfeste vergangener Epochen. A. Fahne beschreibt ihn 1854 hauptsächlich als ein Fest der Reichen, die zahlreiche Maskenbälle veranstalten, deren prunkvollster im Schlosse stattfand. Dabei war die Hauptattraktion der Auftritt der Königsfamilie in einfachen Domino-Kostümen, der das Volk, das an diesen Tagen freien Zutritt zu den Galerien hatte, in Massen anzog. Auch das Theater, in dem stimmungsgemäße Stücke aufgeführt wurden, bildete die Kulisse für schwelgerisch-pompöse Maskeraden. Am Sonntag und Montag durften sich die Masken in den Straßen tummeln, wobei die Behörden ihnen alle Freiheiten gestatteten. Man fühlt sich an Aspekte der römischen Saturnalien erinnert. Daß man sich von der guten alten königlich-bayerischen Zeit auch heute nicht trennen mag, sieht man beispielsweise am traditionellen Faschingsfest »Vorstadthochzeit«, das alljährlich im Hofbräuhaus stattfindet. In Ermangelung eines echten Königs kreiert man kurzerhand jemanden zum Gaudi-Monarchen, zu »Ludwig II.«, der eine Mischung aus Prominenz und Schickeria als sein Volk regiert.

Der rheinische Karneval mit Zentrum Köln geht in seiner Entstehung auf die römische Besatzungszeit zurück. Noch um 1800 fanden sich viele Parallelen zum *venezianischen* und auch *römischen Karneval.*

Letzteren hat Goethe 1788 in seiner »Italienischen Reise« eindrucksvoll beschrieben. Er zeichnet ein Bild voller lauter, spielerisch-spontaner Maskenaktionen mit Konfettikämpfen und »Schauvergnügungen« jeglicher Art, mit Pferderennen, Lichterfesten und tumultartigen Massenerlebnissen. Dem allen liegt eine feste hergebrachte Form zugrunde, wie sie in allen italienischen Städten gepflegt worden ist, in der sich noch manches von Saturnalien und Bacchanalien erhalten hat.

Vor allem *Venedig* hat eine Maskentradition, die zeitweise weit über das karnevalistische Treiben hinausging. Schon seit dem Mittelalter gibt es immer wieder Reiseberichte über dieses Fest, das mitunter mehr als ein halbes Jahr dauerte. Nachdem im 15. und

enezianischer Karneval heute

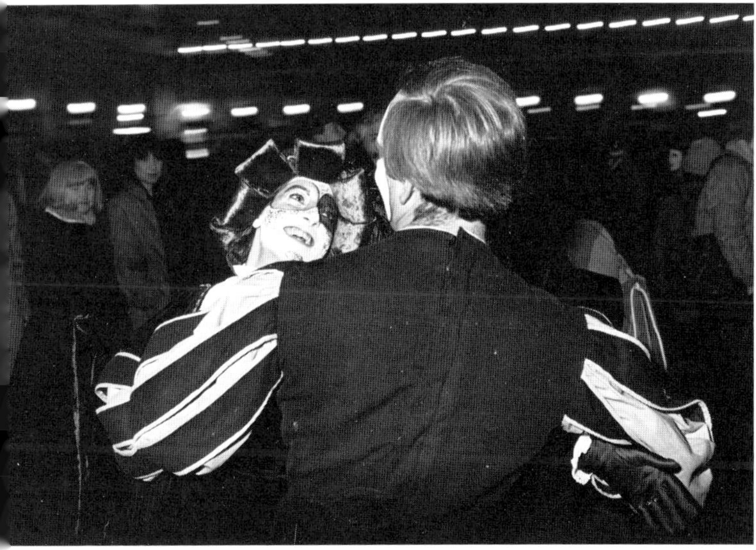

16. Jahrhundert jede Form der Maskerade verboten war, lockerte sich das Vermummungsverbot erst im Laufe des 17. Jahrhunderts für die Karnevalszeit, was dann dahingehend ausuferte, daß die Gesichtslarve sogar ganzjährig im alltäglichen Leben gebräuchlich wurde – vor allem für die Oberschicht und den städtischen Adel. Die Maske wurde zum Bestandteil des Anzugs.

Volkmann, der Reiseführer Goethes, beschreibt das venezianische Maskenkostüm folgendermaßen: »Die venezianische Maske besteht in einem Mantel aus schwarzer Seide, wie die Abbée-Mäntel: die Bürger tragen sie auch von rotem oder grauem Tuch, weil sie dauerhafter sind. Auf dem Kopf trägt man eine Bauta oder Kappe, welche den Kopf bis ans Kinn bedeckt und bis über die Schulter hinabgeht. Das Gesicht ist mit einer weißen Wachsmaske (Volto) bedeckt, welche bis auf den Mund geht, und man setzt einen Federhut dazu auf, um sie festzuhalten. Die Venezianer drücken den Hut so tief über die Maske, daß sie nur eben sehen können; und weil die Fremden nicht daran gewohnt sind, so kennt man sie gleich daran. Dieses ist die allgemeine Tracht beiderlei Geschlechts. Man unterscheidet die Frauenspersonen nur an den unter dem Mantel hervorragenden Röcken« (A. v. Müller, *Journal für Geschichte,* Mai 1983). Diese Maskierung wahrte das Inkognito beim verbotenen Rendezvous in Theatern und Cafés, wobei die Halbmaske zweckmäßigerweise den Mund frei ließ. Aber auch bei anderen öffentlichen Geschäften maskierte man sich, um Diskretion zu wahren. Auch hier schimmert in der Maske die dunkle Seite des Verbotenen durch.

Venedig war geprägt von schillerndem Reichtum, aber auch vom Tod. Oft wütete die Pest grausam und unbarmherzig. Sie brachte typische Masken hervor: den ›medico de la peste‹ – weiß mit Vogelschnabelmaske in weitem Mantel und Krempenhut; ebenso eine klassische ›bauta‹ als Verkörperung des Todes – eine weiße, knochenhaft modellierte Larve mit Dreispitz und schwarzem Umhang. Auch dieses sind Bilder der Nachtseite. Die ständige Todesbedrohung wurde im rauschhaften Vergessen des Karnevals hinweggeschwemmt. Im Spiel mit der Scheinrealität, der Täuschung und des Identitätswechsels wurde Vergänglichkeit gleichsam vorweggenommen und damit entschärft.

Darüber hinaus hatte dieses in seiner Ausgeprägtheit einmalige Maskenphänomen handfeste sozial-ökonomische Hintergründe. Entluden sich zum einen die starren Abgrenzungen der Gesellschaft mit ihren festgelegten ständischen Rollen in der Fiktion einer totalen Freiheit – eben durch die Maskerade, die im Prinzip jedem offenstand –, so war es zum anderen der wirtschaftliche Niedergang Venedigs, der dieses gesellschaftliche Bedürfnis nach Maskierung mit konstituierte.

Dem allgemeinen Aufstieg des Bürgertums in Europa hatte Venedig nur Stagnation und Krise entgegenzusetzen. Modernere Produktionsmethoden der westeuropäischen Konkurrenten verdrängten die Venezianer vom Markt. Industrien brachen zusammen, der Handel stagnierte, es gab sogar territoriale Verluste.

Auch diese veränderten Verhältnisse wurden im Fest verdrängt. Hinter der Maske ließ sich das alles noch am besten ertragen. Dazu kam, daß dieses Maskenphänomen sich zur Attraktion des damaligen »Fern-Tourismus« emporschwang, so daß der damit verbundene Maskenkonsum der Fremden auch eine Kompensation auf wirtschaftlichem Sektor bedeutete. Die Maskenherstellung schuf Arbeitsplätze (11).

Der venezianische Karneval starb mit dem Untergang der Dogenrepublik. Das napoleonische Besatzungsregiment untersagt 1796 jegliches Maskentreiben. Fast 200 Jahre kam es zum Erliegen, dann besannen sich 1978 Kunst- und Theaterstudenten auf die kreativen Möglichkeiten, die im Wiederauflebenlassen dieser alten Tradition steckten (Farbabb. 18–21). Straßen, Plätze und Kanäle Venedigs sollten Kulisse für spontanes Volkstheater, für Kostüme und Aktionen werden – eine einzige große Bühne. Ein ›grand ballo macabro‹ wurde veranstaltet: ein »Triumph des Todes«, ganz in der historischen Tradition Venedigs. Fahnen mit Schädelemblemen wehten, oben auf einer Brücke thronte König Tod in silberner Maske. Er war umgeben von Sensenmännern und Purpurgefolge, das zu hallenden Bußgesängen »über den Steg ins Jenseits« tanzte. Als Kontrast zum dunklen Totenreich fand eine Kostümregatta auf dem Canale Grande statt. Zunächst ging es um die bewußte Rekonstruktion alter Rituale, dann gesellten sich spontanere Aktionen hinzu. Der Künstler Donato Sartori, auch

Spezialist für Theatermasken, überzog den Markusplatz mit einem Spinnennetz aus Nylonfäden und gestaltete so ein Massenschauspiel mit surrealer Komponente. Auch wenn der neue alte Karneval durch Institutionalisierung und Kommerzialisierung inzwischen viel von seinem Reiz verloren hat – z. B. »Vier Tage Venedig – Maske im Preis inbegriffen!« –, kann die Maske Erlebnismöglichkeiten mit sich und anderen entfalten, bis dahin Ungelebtes sich ausleben lassen, ein Reiz des Karnevals, der über alle diese Tendenzen erhaben zu sein scheint. So schreibt Guilano Scabia rückblickend über den venezianischen Karneval: »Das Treiben betrachtend, hatte ich den Eindruck eines Volkes, das sich sucht und verkleidet, um sich zu finden, um zu spielen, um sich eine theatralische Würde zu geben« (nach O. Riewoldt in: Westermanns Monatshefte 2/1982).

Werfen wir nun einen Blick auf den *Karneval in Rio*, von dem gesagt wird, er sei das ungebärdigste und spektakulärste Volksfest der Welt und nirgendwo sonst werde er so ausgelassen gefeiert wie hier. Das mag wohl stimmen, denn auch nirgendwo sonst muß er seine Ventilfunktion für soziale Ungerechtigkeit und Unterdrükkung deutlicher erfüllen als hier. So spiegeln die Masken das wesentliche Moment dieses Geschehens: die Umkehrung aller sozialen Normen. Schwarze maskieren sich als Weiße, Arme als Reiche, Frauen als Männer und umgekehrt. Standesunterschiede, die sonst in dieser Stadt klaffen, werden einmal im Jahr vergessen. Homosexuelle nutzen die Flucht aus der Normalität, um sich auf ihren Bällen einmal so zu geben, wie es ihnen wirklich entspricht. Ihre Maskierungen mit Hilfe von Silikoninjektionen, Hormonen, Make-up und weiblicher extravaganter Kleidung geben ihrer eigentlichen Identität Ausdruck, so daß hier das Verhältnis von Schein und Realität einfach umgekehrt erscheint. Die merkwürdige Doppelbödigkeit der Maske, ihre Abhängigkeit vom sozialen Umfeld kommt hier zum Vorschein. Die Reichen der Mittel- und Oberschicht feiern ihren eigenen Karneval mit verschwenderisch ausgestatteten Maskenbällen, die an antike Orgien erinnern. Hier befreien sich vorzugsweise die Frauen, deren normale Existenz durch eine Art Haremsdasein gekennzeichnet ist – den Männern ist all das erlaubt, was ihnen verboten ist. Spärlichst bekleidet, in

arneval in Brasilien (Bahia)

aufreizendsten Bewegungen tanzen sie vor den Männern auf den Tischen, ein ritualisierter Akt von Promiskuität, der keineswegs nur symbolisch bleibt.

Der berühmte Straßenkarneval mit den Umzügen der Samba-Schulen als Höhepunkt entstand aus den unteren Volksschichten. Ihn prägte die Vermischung europäischer und afrikanischer Überlieferungen. Die Portugiesen führten eine grob sinnliche Form von Karnevalsfeiern und Straßenschlachten mit Wasser, Mehl und Ruß (12) ein, was in dieser Form fast drei Jahrhunderte lang bestand. Daneben entwickelten die afrikanischen Sklaven eine eigene Form auf der Grundlage ihrer rhythmischen Musik und ihrer Stammestänze. Diese sehr verschiedenen Ausprägungen bestanden bis ins 20. Jh. hinein ziemlich unabhängig voneinander mit einem Gemisch aller möglichen Arten von Musik. Erst als 1917 der Samba bekannt wurde – eine Mischung traditioneller afrikanischer Rhythmen mit portugiesischer Volksmusik, getanzt mit den Geschlechtsakt imitierenden Bewegungen –, bekam Rios Karneval sein charakteristisches Gepräge. Schon bald bildeten sich die ersten Samba-Schulen als Sammelpunkt für die Bewohner der verschiedenen Elendsviertel. Die meisten ihrer Mitglieder sind somit einfache Leute, die sich für die prunkvollen Kostüme ca. 1½ Monatslöhne vom Mund absparen müssen. Dazu kommt der Zeitaufwand für die vielen Proben, die nach einem anstrengenden Arbeitstag bewältigt werden müssen. Doch alle Härten und Entbehrungen werden in Kauf genommen, um dabei zu sein, wenn sich von Sonntagabend bis Montagnachmittag das große Spektakel aus Kostümzauber, Trommelhypnose und Sambaseuche – das große Defilee der Samba-Schulen auf der 700 m langen Strecke bei mörderischen Temperaturen vollzieht. Die Bilanz von Toten und Verletzten wird hingenommen für das berauschende Erlebnis, die Entschädigung für das alltägliche Elend. Nirgendwo sonst ist die Verzweiflung hinter der Fröhlichkeit – die Maskenfunktion des Verbergens – spürbarer als in Rio.

Zurück nach Deutschland. Wie gesagt, ähnelte der *rheinische Karneval* ursprünglich dem italienischen in der rauschhaften Leichtigkeit des Charakters, in der Ungezwungenheit der Maskeraden. In Köln (Farbabb. 15/16) wurden am Sonntag die drei tollen

lner »Paradiesvogel«

Kölner »Jecken«

Tage eröffnet. An allen Abenden und in den Nächten fanden Bälle und Schauspiele statt. Die Häuser waren für jedermann geöffnet, alle Straßen von Masken überfüllt. Das bunte Lumpenkostüm als Verwischung aller Standesunterschiede war und ist immer noch typisch für den Kölner Karneval. Der Zweck zeigt den römischen Einfluß. 1823 setzte dann die Organisation des Karnevals in Komitees und Generalversammlungen ein – eine romantisch-bürgerliche Karnevalsrenaissance als Reaktion auf seine Unterdrückung, auch wenn es die französische Besatzungsmacht im Gegensatz zu Venedig hier nicht geschafft hatte, das Maskentreiben gänzlich zu unterdrücken. Nach und nach entstanden in allen größeren rheinischen Städten die Karnevalsgesellschaften, die noch heute Umzüge und Sitzungen organisieren. So sind die gegenwärtig bekanntesten Erscheinungen des rheinischen Narrentums noch gar nicht so alt: auch der *Rosenmontagszug* ist beispielsweise erst im 19. Jh. entstanden und hat somit keinen kultischen Ursprung. Der so entstandene offizielle Karneval bietet nur noch entfernt Anklänge an ursprüngliche Gehalte. In dem Beschluß von 1824, keiner dürfe die rot-grün-gelbe Narrenmütze vom Kopf nehmen

Dialog zweier Masken

(das Motto lautete »gleiche Brüder, gleiche Kappen«), spiegelt sich noch etwas von dem saturnalischen Umsturz aller Werte als Ausbruch aus dem Standesbewußtsein. Auch die Narrenmütze selbst beinhaltet vielleicht noch Symbolisches: die Spitzen als Hörner der Satyrn und Pane. Doch solche Interpretationen wirken heute fast lächerlich, denn ursprüngliche Gehalte sind inzwischen arg verblaßt. Wenn die Fernsehkamera über die mit Narrenmützen gekrönten Häupter schweift, scheint sie weit eher ein Statussymbol geworden zu sein. Denn gibt es in den Sitzungen noch echte Narrenfreiheit – Freiräume für Gesellschaftskritik, wie sie im vorigen Jahrhundert noch recht beißend sein konnte? Gibt es angesichts des Uniformenkultes der Karnevalsvereine noch Freiräume spontaner Selbstverwirklichung durch die Maskierung?

Letzteres ist wohl ausschließlich auf die Ebene der Privatheit verwiesen. Hier könnte noch so etwas stattfinden wie eine bildhafte Auseinandersetzung mit sich selbst durch den Prozeß der Maskierung, vorausgesetzt man hat den Mut, seiner eigenen Phantasie eine Chance zu geben. Denn auch hier mischen sich Industrie und Medien ein. Frauenzeitschriften machen Kostümierungsvorschläge, inklusive Schnittmuster und Schminkvorlage. Geschäfte bieten Ringelhemdchen, Pappnasen, komische Hüte und Horrormasken an – moderne Teufelsbilder in lebensechtem Kunststoff, Totenkopf, Frankenstein, Graf Dracula, Quasimodo, Gorilla, Kretin, Wahnsinn, Terror-Affe, Werwolf, teilweise mit entsprechender Gewandung, präsentieren alle visuellen Klischees der Filmkiste. Dies moderne Gruselkabinett benutzt wiederum die Maske als Ausdruck des Bösen. Vielleicht gründet sich die Kaufmotivation auf die Möglichkeit, in dieser Maskierung aggressive Tendenzen, die sonst unterdrückt werden, ausleben zu können – zumindest durch schockierendes Imponiergehabe.

»Der Affenmensch – furchterregend und gewaltig! Ein makabrer Scherz für viele Gelegenheiten. Haare und Fell wirken sehr realistisch.« (Anzeigentext)

Ein anderer Typ dieser Kunststoffmasken bezieht seine Wirkung ebenfalls aus der Lebensechtheit: »Spielen Sie mal Staatsoberhaupt! Die Masken von Kanzler Schmidt und Frankreichs Präsident Giscard d'Estaing machen's möglich!« (Zitat Werbung)

Horrormasken aus Kunststoff. Prospekt der Firma Technotron

Auch die äußere Hülle Elvis Presleys oder das Aussehen eines Ölscheichs sind zu bekommen. Diese Sorte Masken, die die Bedürfnisse nach Macht, Geld und Popularität ansprechen und damit entscheidende Werte der westlichen Industriegesellschaft symbolisieren, ermöglichen vielleicht für kurze Zeit illusionäre Befriedigung.

Der Versuch, Hintergründe und Motivationen von Maskenwahl zu beleuchten, verweist auf eine beachtenswerte Tatsache: Man ist hinter der Maske gar nicht mehr geschützt! Wer die Gelegenheit nutzt, zur Zeit des Karnevals unter allgemeiner gesellschaftlicher Legitimation durch die Maske in eine andere Identität zu schlüpfen bzw. Bereiche seines Selbst auszuspielen, die sonst im Verborgenen schlummern, muß deren Preisgabe einkalkulieren. Denn Verhüllung bedeutet gleichzeitig Enthüllung von versteckten Wunschbildern.

Ob man dieses Risiko eingehen will, ob man dies überhaupt als ein Risiko betrachten will oder sich unabhängig von der Einschätzung der Umwelt macht – oder ob man in Kenntnis dieser Interpre-

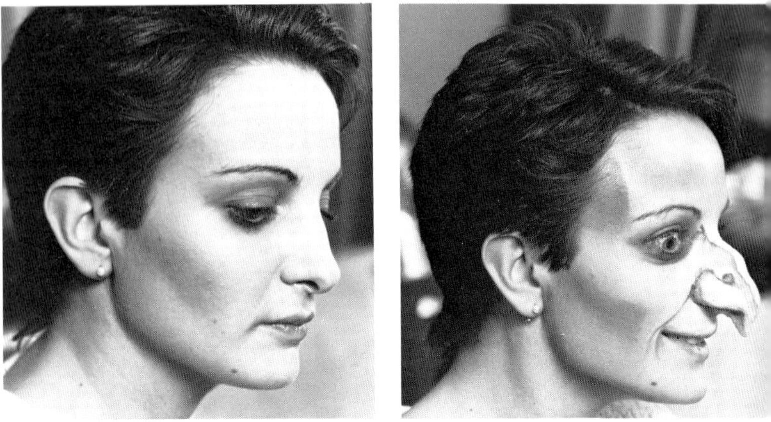

Einmal Hexe sein! Karnevalsmaske mit modellierter Kunststoffnase und Schminke fertigt auf Wunsch die Ateliergemeinschaft 'Die Maske', Köln an

tationsmöglichkeit zu Maskierungen greift, die eben dies wiederum verhindern, setzt zunächst die Notwendigkeit eines Selbsterkennungsprozesses voraus und erfordert sodann eine individuelle Entscheidung.

Diese spitzfindige Durchleuchtung karnevalistischer Maskierung wirft ein Schlaglicht auf den gegenwärtigen Bewußtseinsstand. Die Fähigkeit zur Selbstreflexion beinhaltet die Gefahr, dem Vorgang spaßhaften Verkleidens jegliche Unbefangenheit zu rauben. Die kritische Hinterfragung der eigenen Motivation steht dem projektiven Ausleben von verdrängten Bedürfnissen im Wege, womit eine grundlegende Funktion der Maske überhaupt in Frage gestellt wird.

Hier spiegelt sich die Verunsicherung der Identität des rationalen, intellektuell-aufgeklärten Menschen, die dadurch entstanden ist, daß man sich in die Lage versetzt sieht, sowohl psychische als auch religiöse Phänomene aus dem Mechanismus der Projektion weitgehend erklären zu können. Dies hat u. a. den Verlust von Leitbildern gerade auf religiös motivierter Ebene zur Folge, so daß damit das Phänomen ›Karneval‹ zum einen insgesamt in Frage gestellt wird, und zum anderen scheint auf dieser Ebene die Ver-

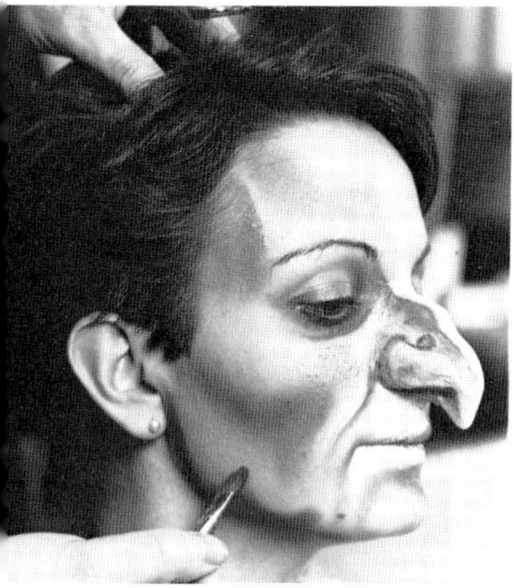

drängung einfach nicht mehr zu gelingen, deren Inhalte sich in der Maske bildhaft veräußerlichten. Ist die Maske damit funktionslos geworden?

Für eine Minderheit mag dies zutreffen. Tatsache ist jedoch, daß das Anlegen der Karnevalsmaske für die meisten nach wie vor ein unwiderstehlicher Reiz ist. Sie ermöglicht es, zur Zeit des Karnevals auszusteigen aus alltäglichen verfestigten Mechanismen und eingefahrenen Rollenerwartungen. Sie ermöglicht die spielerische Realisierung ungewöhnlicher Verhaltensweisen, indem sie Hemmungen hinwegschwemmt. Diese Entlastungs- oder Ventilfunktion ist das wesentlichste Motiv karnevalistischen Treibens – gestern wie heute, ob hinter Pappnase oder kunstvoll geschnitzter Holzmaske. Angesichts einer immer stärker bedrängenden Umwelt scheint diese zeitweilige Flucht aus der Wirklichkeit ein dringendes Bedürfnis zu sein. Man kann einwenden, daß dies den Einsatz für konkrete Realisierung von Utopie im Hier und Heute verhindert. Jedoch könnte man dem entgegenhalten, daß der Karneval gerade im Zeitalter des Computers mit seinen Freiräumen für irrationales Erleben und ungebundene Vitalität die Chance bietet, gegen verplanende Vernunft zu demonstrieren.

3 Theater – Zirkus – Film

Es ist ein psychisches Phänomen, daß der Schauspieler mit der Maske sich selbst und die anderen weniger empfindet.

Giorgio Strehler

Im Gegensatz zur Urmaske begegnet uns in der Theatermaske ein Kunstprodukt. Sie wird als Phänomen erst faßbar, nachdem sich die Kunst von ihrem kultisch-zweckhaften Charakter emanzipiert hatte. Dieser einschneidende Wandel wird erst durch das Griechentum vollzogen, ist aber weder zeitlich noch örtlich zu determinieren, ebensowenig wie sich der Wandel der Maske vom Kult- zum Darstellungsinstrument festlegen läßt. Im Verlaufe einer langen Zeit muß dem Menschen bewußt geworden sein, daß er durch das Anlegen einer Maske nur sein Äußeres verändert, jedoch als eigene Person darunter vorhanden bleibt. Mit der Überwindung animistischen Analogiezaubers wird aus Ritus und Kult Theater. Hier manifestiert sich ein entscheidender Schritt menschlicher Bewußtseinsentwicklung: die endgültige Erlangung eines Ich-Bewußtseins, »das integrierende über die aktuelle Gelegenheit hinausgehende Wissen um sich selbst als die erste große Leistung der Abstraktion«, wie A. Hauser es formuliert.

Identitätswechsel durch Masken wird zum profanen Spiel. Der ernsthafte Charakter des religiösen Ritus, bei dem die Stimme des in der Maske gegenwärtigen Gottes die Kultteilnehmer erschauern läßt, weicht der Ergriffenheit eines Publikums, die durch beurteilende Kunstkennerschaft bewältigt wird.

Die Belebung des Mythos durch Masken als Möglichkeit einer mystisch-ganzheitlichen Welt- und Seinserkenntnis wird nunmehr zum gleichnishaften Nachvollzug mehr oder weniger rationaler Erkenntnis menschlicher Lebensproblematik.

Rekonstruktion des Dionysos-Theaters in Athen

Das Anlegen der Maske als rauschhafter Zustand der Selbstvergessenheit für den Maskentänzer wird zur Darstellung einer Rolle, zu der die Persönlichkeit des Schauspielers in einem Spannungsverhältnis steht.

Theater wurzelt ebenso wie Karneval im Dionysos-Kult. Während im Karneval Zweck und Inhalt noch irgendwie fortleben, bemächtigte sich das Theater lediglich seiner äußeren Form, entwickelte sie weiter und füllte sie mit neuen Inhalten.

Karneval ist immer ein Produkt des einfachen Volkes gewesen, in dessen Existenzkampf er eine Art ausgleichende Daseinsbewältigung durch Rausch und Sinnlichkeit bildete. Im Gegensatz dazu ist das Theater das Produkt einer geistigen Führungsschicht, dessen Form und Inhalte ein durch Ratio gefiltertes Weltbild veranschaulichen. Es entstand als Teilbereich einer zweckfreien Kunst, die sich erst eine Herrenschicht leisten kann, die der unmittelbaren Sorge um den Lebensunterhalt enthoben ist. Aus ihr rekrutieren sich die Mäzene für Dichter, Philosophen und Künstler. So wird das Theater eine Plattform und die Maske ein Instrument zur Verbreitung von Ideen einer Elite – damals wie heute.

Die Maske ist nicht unlösbar mit dem Theater verknüpft. Nur zu gewissen Zeiten oder an gewissen Orten bedient man sich vornehmlich ihrer Starrheit. So zählen zu den berühmtesten Theatermasken jene des antiken Griechenland, die Nô-Masken Japans und die Masken der Commedia dell'arte. Wo die Maske im eigentlichen Sinne verschwindet, macht sie Platz für Maskierungen vielfältigster Art – nicht nur im Rahmen des Theaters. Gerade die neuen Medien Film und Fernsehen haben neue Dimensionen der ›Maskenkultur‹ eröffnet. »Show total« kann auf die Maske nicht verzichten.

Die Theatermaske der antiken Tragödie

Bei seiner Entstehung ist das Theater ohne die Maske undenkbar, was in seinem kultischen Ursprung begründet liegt. Heilige Zeremonien, Prozessionen und Tänze bilden wohl die Vorläufer des Theaters, als dessen Voraussetzung Ph. Hartnoll drei Dinge klar benennt: 1. ein vom Chor unabhängiger Schauspieler, 2. ein in Rede und Gegenrede ausgedrückter Konflikt und 3. ein Publikum, das zwar gefühlsmäßig, aber nicht tatsächlich an der Handlung teilnimmt. Diese Bedingungen waren im 5. Jahrhundert v. Chr. in Griechenland erfüllt. Im Jahre 534 v. Chr. gab es in Athen bereits drei Unterhaltungsformen: die Tragödie (1), das satyrische Drama und die Komödie (2), um die sich verschiedene Maskenarten bildeten. Alljährlich fand im April ein Festspielwettbewerb im Rahmen der städtischen Dionysien statt, bei dem die Aufführungen nach künstlerischen Kriterien beurteilt und letztlich preisgekrönt wurden.

Diese hochentwickelte Form der Theaterkultur nahm ihren Ausgang vom Dithyrambus, einem einstimmigen Rundgesang und Rundtanz um den Altar des Dionysos, wobei zunächst Leben und Kult des Gottes in Worten und Gesten dargestellt wurden. Die Tänzer waren als Gefolge des Dionysos als Satyrn und Silene mit

Der griechische Komödiendichter Menander prüft eine Maske. Hellenisches Relief, 1. Jh. v. Chr.

Der griechische Tragödiendichter Euripides prüft die tragische Maske des Herakles. Relief, Konstantinopel, 2. Jh. v. Chr.

Dionysos, umgeben vom Chor der Satyrn (mit Bocksfell, Phallus und Maske) und Schauspielern im Kostüm von Göttern und Helden. Satyrspiel-Vase, Neapel, ca. 400 v. Chr.

Bocksfellen maskiert. Später berichtet der Chor von Halbgöttern, Helden und sagenhaften Vorfahren der Hellenen – auch eine Verlebendigung des Mythos.

Innerhalb dieses langsamen Entwicklungsprozesses von der Kulthandlung bis zur vollendeten griechischen Tragödie gab es einen entscheidenden Schritt: die Lösung einer Einzelgestalt aus der Gesamtheit des Chores, der in Gestalt bzw. in der Maske des Gottes, der gerade gefeiert wurde, einen Dialog mit dem Chor führt. Mit Hilfe über den Kopf gestülpter Masken verkörpert er später die verschiedenen Rollen der Dichtung, auch die weiblichen Gestalten, da Frauen die Teilnahme aus der Tradition des Kultes auch hier verboten war. Dieser Maskenwechsel des Vorsängers innerhalb kurzer Zeit trägt wohl seinen Teil dazu bei, ein inneres Identischwerden mit der Maske zu verhindern.

Der Gestalt des Thespis – 5. Jahrhundert – (3) wird die Ehre zugeschrieben, der erste Vorsänger und damit der erste Schauspie-

ler gewesen zu sein. Als erster ungeweihter Mensch soll er es gewagt haben, in der Maske des Gottes aufzutreten – ein Vorrecht, das sonst nur Priester und Könige aufgrund ihrer Nähe zur Gottheit »von Amts wegen« innehatten. Dieser Profanisierung des Geschehens entspricht die Wandlung der religiösen Gemeinde, der die religiöse Bedeutung des Geschehens zwar noch bewußt ist, die es jedoch mit der Zeit immer stärker unter ästhetischen Gesichtspunkten als Kunstwerk beurteilt.

Die Schauspieler der griechischen Tragödie trugen prachtvollfarbige, oft kostbar bestickte Gewänder und geschnürte Schaftstiefel – Kothurne –, letztere als Relikt des Dionysos-Abbildes, dazu die Maske aus hellem Holz, auch versteifter Leinwand. Diese Stülpmasken paßten sich dem Gesicht nicht an, wie überhaupt die Kostümierung sich nicht an das Maß des menschlichen Körpers hielt. Die Polsterung der Gewänder, der Kopfschmuck und überhöhte Schuhsohlen betonten ihre Größe in den riesigen Freiluft-

Theatern. Diese voluminöse Ausstattung bedingte von sich aus schon eine würdevolle Ausstrahlung, denn der Schauspieler konnte nur ausladende Gesten und langsame Bewegungen vollziehen (4). So wirkte der Tragöde in seiner Statik wie ein Gottwesen. Seine Individualität trat völlig hinter der Rolle, die er spielte, zurück. Der Chor, der mehr Bewegungsfreiheit brauchte, trug das Kleid der Leute, die er darzustellen hatte, und nur leichte Masken.

Da der Schauspieler aufgrund der Masken auf das Ausdrucksmittel der Mimik verzichten mußte, war er um so mehr auf seine Stimme angewiesen. Einer angemessenen Lautstärke war die Maske ein Hindernis, so daß man dazu überging, ihr teilweise eine trichterförmige, lautsprecherartige Mundöffnung als künstliche Verstärkung der Stimme zu geben.

Die Maske brachte neben Alter, Stand und Geschlecht auch den vorherrschenden Gemütszustand – Haß, Furcht, Verzweiflung – der darzustellenden Gestalt zum Ausdruck. Diese Festlegung war

Masken einer Frau, zweier Jünglinge und eines Greises. Mosaik, Villa Hadriana, Tivoli, ca. 2. Jh. v. Chr.

Römischer Schauspieler im Königsgewand, der nach errungenem Sieg im musischen Wettkampf als Dank eine Maske weiht. Freskogemälde aus Herculaneum, ca. 30 n. Chr., nach Original aus dem 4. Jh. v. Chr.

möglich, weil die Weltanschauung der Tragödie ein Bild vom Menschen zeichnete, das ihn den Göttern bzw. den Mächten des Schicksals bedingungslos ausgeliefert erscheinen ließ. Der Weg war vorgezeichnet, sein Geschick mußte sich erfüllen – entsprechend einer vorausgesetzten immanenten Gerechtigkeit des Weltlaufs. So entspricht die erstarrte Physiognomie der antiken Maske – ihre schicksalhafte Eindeutigkeit – der Unausweichlichkeit und Unbeeinflußbarkeit des tragischen Heldenschicksals. Die Festlegung seines Typs war prädestiniert für eine eindeutige Formulierung in der Maske.

Es scheint, als greife der Mensch wiederum aus einem Gefühl des Ausgeliefertseins an höhere Mächte zur Maske. Doch der Glaube an magische Lenkbarkeit ist dem Gefühl der Ohnmacht gewichen. Die Maske wird hier zum Symbol der Erschütterung über die Erfüllung des göttlichen Willens oder später über die Willkür des Zufalls. Nicht Götterbilder als Projektionen menschlicher Angst begegnen uns in der griechischen Maske, sie ist das Abbild des Menschen selbst in seiner Angst angesichts unverständlichen menschlichen Leidens. Sein kindlicher Allmachtsglaube ist verlorengegangen, die Welt ist zu kompliziert geworden, sein Intellekt ist zu weit entwickelt, um die intuitive Weltsicht früherer Kulturstufen noch weiter aufrechterhalten zu können.

Die Entstehung des Theaters und seiner Masken fällt in eine Zeit, als sich in Griechenland Anfänge der Naturwissenschaft konstituieren, die Wirklichkeit in Teilbereiche zerfällt – z. B. in eine ethisch-religiöse, eine wissenschaftliche und eine künstlerische Sphäre, deren Gesetze losgelöst von der unmittelbaren Nützlichkeit für das Leben untersucht werden. Ebenso ist der Reflexionsprozeß des Menschen über sich selbst fortgeschritten. Wie er einerseits versucht, Determinanten seiner Umwelt, die sein Sein bestimmen, rational zu durchdringen, so erkennt er auf der anderen Seite menschliche Reaktionsformen und Charakterstrukturen: Er kategorisiert seine Gattung zu Typen und formt ihnen ihr entsprechendes Bild in der Maske. Die fortlaufende Entwicklung dieses Selbsterkenntnisprozesses und das zunehmende Differenzierungsvermögen scheinen sich in der Zunahme der Maskentypen zu spiegeln. Waren es wohl zunächst einige wenige, so katalogisiert eine Auflistung des 2. Jahrhunderts nach Chr. 28 tragische Maskenarten – 6 alte Männertypen, 8 junge Männertypen, 3 Sklaventypen, 11 Frauentypen. Hinzu kommen noch 44 Maskenarten der Komödie, ebenfalls unterteilt nach alten und jungen Männern und Frauen sowie Sklaventypen. Parallel dazu wendet sich die Tragödie inhaltlich von der Darstellung großer Staatsereignisse immer mehr der Darstellung von Gefühlskonflikten einer Einzelperson zu, wobei der Chor mit der Zeit verschwindet.

Reflektiert die Theatermaske, die erstmalig den lebendigen Menschen zum Thema hat, zunächst einen wichtigen Vorgang auf dem Wege der Selbstbewußtwerdung als Heraustreten aus dem Bann der Naturkräfte – der Mensch wird zum Maß aller Dinge, er verdankt alles nur sich selbst, nichts seinen Ahnen, wie die Sophisten meinten –, so ist die vehemente Vermehrung der Maskentypen ein Zeichen für zunehmende Individualisierung menschlichen Seins. Dieser Prozeß schreitet immer weiter fort, so daß die starre Typisierung der Maske irgendwann einmal zum Hemmnis wird. Denn wenn es um die Darstellung innerer *widerstreitender* Gefühlsvorgänge geht, ist die bewegte Mimik viel besser zur Wiedergabe geeignet. Je differenzierter die menschliche Psyche in ihrer Ambivalenz erfaßt wird, desto mehr wird die Maske zum Ballast. Doch so weit ist das Bewußtsein der Antike noch nicht fortgeschritten.

Die Nô-Masken Japans

Verlassen wir für eine Weile die europäische Tradition, und wenden wir uns nach Fernost.

In Japan finden wir die vollendeten Masken der Nô-Spiele (Farbabb. 22), die aus der Weiterentwicklung chinesischer Theaterformen (5) entstanden und ihren Ursprung ebenfalls im mythisch-kultischen Bereich haben. Sie sollen aus heiligen Tänzen hervorgegangen sein, die zum Gedenken Verstorbener mit Mas-

Nô-Masken als Skala menschlicher Empfindungen, 14./15. Jh.

ken aufgeführt wurden. Auch Naturereignisse und Jahreszeiten wurden in ähnlicher Weise gefeiert. Die Inhalte des um 1370 eingeführten Nô-Spiels zeigen noch seine Verwurzelung im Religiösen. Das Leben nach dem Tode, die Sünde des Tötens, die Vergänglichkeit der Welt, die Macht Buddhas, das Böse, die Lust bilden seine dramatischen Elemente. Dabei hat das Nô-Spiel keine konflikthafte Handlung, wie wir es von unserem Theater kennen, sondern ist eigentlich ein dramatisiertes Selbstgespräch, das aus Erinnerungen schöpft, die sich auf Mythen und Sagen beziehen können. Es gibt dabei nur zwei Darsteller, die wie bei den alten Griechen Masken tragen, ebenso einen Chor von Sängern. Die Bewegungen der Darsteller sind geprägt von einem ritualisierten Formalismus, die wie die Einzelheiten der Dekoration und der Kostüme genau festgelegte symbolische Bedeutungen haben. Würdevoll gleitet der Schauspieler auf der Bühne hin und her und begleitet den Gesang seiner Verse mit dem Trommeln seiner Füße auf der resonanzreichen Fichtenholzbühne. Dabei ist sein wichtigstes Requisit die Maske, die einerseits seine Ausdruckskraft auf die Gestik konzentriert, andererseits durch die Kunst differenziertester Bewegungen im Spiel selbst belebt werden kann.

Denn die Nô-Maske vereint bei aller Typisierung verschiedene Charakterzüge, so daß durch kaum merkliche Neigungen des Kopfes, durch Verlagerung von Licht und Schatten auf der Maske ihr Ausdruck und Sinn wechseln können. Diese Fähigkeit, bei aller formalen Strenge, bei aller abstrahierenden Stilisierung eine Wandlungsfähigkeit des Ausdrucks zu ermöglichen, macht wohl entscheidend ihre Qualität als Kunstwerk aus und verlangt vom Schauspieler äußerstes Können. Höhepunkte dieser fein ausgearbeiteten Maskenkunst begegnen uns bereits im 14./15. Jahrhundert. Das antike Satyrspiel als derb-heiterer Gegensatz zur Tragödie findet hier merkwürdigerweise seine Entsprechung im »kyogen« – einem komischen Zwischenspiel, einer kurzen Farce, die zwischen die ernsten Nô-Spiele geschaltet wird. Seine Masken sind naiver und unkomplizierter im Ausdruck (6).

Eine weitere Parallele zur Antike besteht in der Typisierung. Sehr selten werden bestimmte Persönlichkeiten dargestellt. Sie repräsentieren Kategorien des Seins: Götter, Männer, Frauen,

Japanische Nô-Maske, 18. Jahrhundert (Dämon)

4 Pantalone-Maske (»neue« Commedia dell'arte)

3 Harlekin (Commedia dell'arte), Frankreich 18. Jahrhundert, Sandstein, lebensgroß

5 Volksfest in Beaumont, Texas

26 Wiener Straßentheater

27–30 Pantomime Samy Molcho

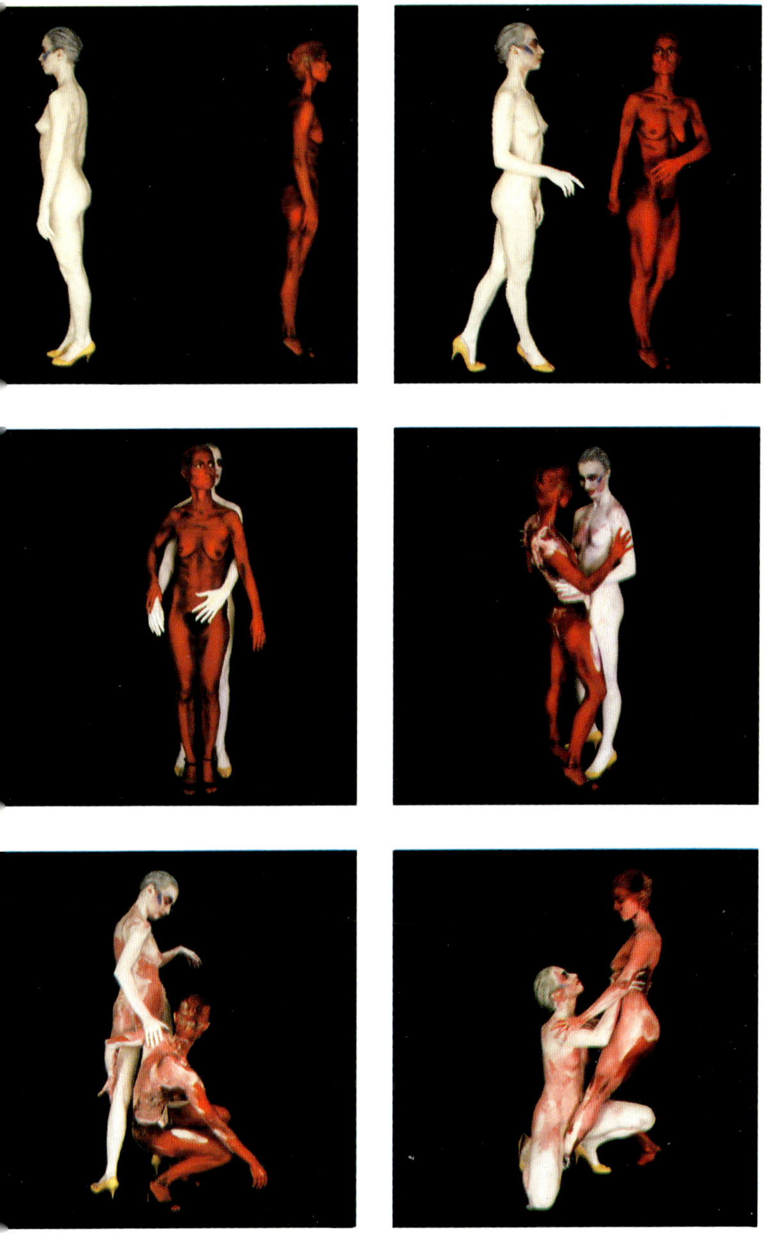

–36 Performance-Kunst »Gefühlsaustausch«, Ateliergemeinschaft »Die Maske«, Köln

37 Kopffüßler, Zirkus »Roncalli«

38 Dummer August und Weißclown, Zirk[us] »Roncalli«

39 Jango Edwards

40 Charlie Riv

41 Filmidol Marilyn Monroe

42 Maskenbildnerei, Universal Studios, Hollywood: Der »Hulk«, Touristenschreck und ...

43 ... Horrormaske Frankenstein

Wahnsinnige und Dämonen – alle mit zahlreichen Untergruppen –, wobei die Dämonen als Symbole menschlicher Leidenschaften gelten. Überhaupt tritt uns in den Nô-Masken eine Skala menschlicher Empfindungen entgegen. Eine Klassifizierung des Menschseins, als Hilfe, es besser zu begreifen?

So unmöglich es für einen Europäer sein mag, sich in das Wesen fernöstlichen Theaters hineinzufühlen, gibt es vielleicht ein paar Gedankenanstöße, die ein ansatzweises Verständnis ermöglichen. Gerade der Aspekt der sich in den Masken konstituierenden Typisierung des Menschen, verquickt mit ethisch-philosophischen Inhalten des Theaters, läßt die Maske als ein Instrument der Identitätssuche und -beschreibung erscheinen, wobei die kollektive Ebene im Vordergrund steht. Es geht nicht um das Individuum, sondern um den Menschen als Rollentypus.

Vielleicht ist es kein Zufall, daß diese Theatertradition sich bis in die Gegenwart hinein in einem Lande erhalten hat, das heute wie kaum ein zweites durch Massenkultur bestimmt erscheint, in dem die höchste Norm die Anerkennung durch die Gruppe ist, in dem das Individuum seine Kräfte in den Dienst des Ganzen stellt und von dort sein Identitätsgefühl bezieht, in dem persönliche Gefühle hinter der Maske des Lächelns verborgen werden, in dem Gesichtsverlust (= Maskenverlust) ein Makel ist.

Die Teufelsmasken der mittelalterlichen Mysterienspiele

Nach diesem Exkurs nach Fernost soll die Entwicklung des abendländischen Theaters weiterverfolgt werden.

Mit der Ausweitung ihres Imperiums übernahmen die Römer die Formen des griechischen Theaters, auch mit seinen Masken. Vor allem die Komödie gestalteten sie weiter aus und bauten ihr prachtvolle Theater. Im Laufe der Zeit verkam das Theater jedoch immer mehr zu vulgärer Volksbelustigung, bis es schließlich unter zunehmendem Einfluß des Christentums gänzlich verboten wurde. Genauso wie die Kirche karnevalistischem Maskentreiben als Ausbund des Teuflischen feindlich gegenüberstand, so widersprach auch das Theater als Ort irdischen Vergnügens und seiner theatra-

Passionsspiel von Valenciennes während der Aufführung im Jahre 1547. Rekonstruktion von E. Grasset nach einer zeitgenössischen Skizze von Albert Cailleau lischen Hinwendung zum Leben ihren ethischen Grundsätzen. Die antike Theatermaske als Symbol des selbstbewußten Menschen vertrug sich nicht mit dem christlichen Bild vom Menschen als sündhaft und erlösungsbedürftig. Im Gegensatz zum Karneval erreichte die Kirche im Bereich des Theaters ein völliges Brachliegen über Jahrhunderte, bis sie ihm selbst paradoxerweise zu einer Wiederbelebung aus kultisch-religiösen Ursprüngen verhalf.

Das mittelalterliche liturgische Drama, dessen Anfänge um 1000 liegen, entwickelte sich aus der christlichen Liturgie, besonders der der Osterfeierlichkeiten. Aus dem einfachen rituellen Glaubensakt wird mit der Zeit ein Schauspiel über das Leben Christi, das zunächst im Kirchengebäude und später auch außerhalb stattfindet. Diese religiösen Spiele waren wohl auch als Mittel der Belehrung für die analphabetische Bevölkerung gedacht. Von den Klöstern ausgehend, finden diese Passionsspiele so den Weg auf die Straße und werden teilweise von weltlichen Behörden übernommen. Bei dieser Loslösung aus dem kirchlichen Bereich spielten einerseits Platzgründe eine Rolle, da die mittelalterliche Bühne die Schauplätze wie einen Bilderbogen aneinanderreihte; aber auch die zunehmende Durchsetzung mit derber Obszönität, wozu vor allem die Auftritte des Teufels unter seinen wilden Masken reichlich Gelegenheit boten. Hier findet die Maske – wie gesagt – ihren Platz ganz im Sinne christlich-dualistischer Weltanschauung als Verkörperung des Bösen. Auch bei anderen Figuren der Passionsspiele, die mit großem Kostümaufwand begangen wurden, kamen zwar Masken vor – z. B. trugen Gott und Erzengel goldene Masken –, jedoch boten die Teufelsgestalten mit ihren tierhaften Komponenten (der Pferdefuß ist wohl eine Umformung des Satyr-Bocksfußes) die Chance, durch Identifikation mit ihnen Verdrängtes auszuleben. Hier begegnet uns die Tiermaske erneut als Verkörperung der triebbestimmten Seite des Menschen. Sie ist Projektion der Angst vor ihr und zugleich erschauernd-ergötzliche Beschäftigung mit ihr, ganz im Sinne karnevalistisch-heidnischen Geistes, wo – wie wir sahen – dieselbe Tendenz offensichtlich wird. Immer waren diese Teufelsgestalten auch komisch und wurden wahrscheinlich mit der Zeit von Spezialisten, fahrenden Spaßmachern gespielt.

In der Tat waren diese Mysterienspiele eng mit dem Karnevalsgeschehen verknüpft. Viele fanden beispielsweise am Donnerstag vor Fastnacht statt. Auch in Paris gehörten die Aufführungen geistlicher Possen und Teufelsspiele zu den Hauptattraktionen der Fastnacht. Gerade zur Fastnachtszeit wurden die langen Passionsspiele – sie enthielten bis zu 174 Akte – durch kleine schwankhafte Farcen unterbrochen, die sich mit der Zeit verselbständigten, vor allem, weil sich die Gunst des Publikums so stark dem teuflischen Treiben und dem Augenschmaus seiner Maskierungen zuwandte, daß die religiös-erbauliche Komponente immer stärker zurücktrat, bis schließlich nur noch profane Darbietungen gestattet wurden.

Die Commedia dell'arte

In den meisten europäischen Ländern kam das liturgische Drama unter dem Einfluß der Renaissance und der Reformation im Laufe des 16. Jahrhunderts zum Erliegen. Insbesondere in Italien entdeckte man dem Zuge der Zeit entsprechend das antike Drama wieder. Auch die Maske wollte man mit ihm wiederbeleben, doch blieb sie hohles überbrachtes Formelement, denn diese ›commedia erudita‹ als Produkt einer humanistischen Bildungselite langweilte mit ihrer Vermittlung höherer Werte, mit ihrer Erziehung zum guten Menschen die Masse des einfachen Volkes, da es spürte, daß diese Inhalte seiner gesellschaftlichen Wirklichkeit nicht angemessen waren.

So entsteht gleichsam als Gegenreaktion auf das humanistische Gelehrtentheater in der Mitte des 16. Jahrhunderts in Oberitalien eine Theaterbewegung aus dem Volke (7), die der Maske zu einem erneuten Höhepunkt verhilft, indem sie sie mit neuen Bildern vom Menschen füllt. Sie verbreitet sich zunächst nach Unteritalien und strahlt in der Folgezeit nach ganz Europa aus. Zuerst aus dem Volk für das Volk entstanden, findet die Aristokratie Gefallen an diesen derben Possen des prallen Lebens und macht die italienische Komödie zeitweise zu ihrer erklärten Leidenschaft. Trotzdem ist die Commedia dell'arte (8), zumindest zu ihrer besten Zeit, das Volkstheater par excellence. Die berufsmäßigen Schauspielertrup-

Szene der historischen Commedia dell'arte mit Colombina, Arlecchino, Scapire und Scaramuccio, ca. 1590

pen ziehen über Land von Ort zu Ort und kümmern sich aus Erfolgszwang intensiv um ihr Publikum. Wenn möglich, spüren sie schon vorher die Probleme der Leute auf, um sie in ihren Stegreifkomödien zu verarbeiten. Denn die Leute kommen, um sich selber auf der Bühne wiederzusehen, um ihr Leben in der Farce auf einer neuen Ebene zu durchdringen. So stellte sich die Gesellschaft in der Commedia dell'arte selber dar, denn der Erfolg basierte auf der Lebensechtheit der Probleme – auf der ständigen Aktualisierung ihrer Typen, die in ihrer Kombinierbarkeit in der Stegreifsituation Lebenswirklichkeit widerspiegeln konnten.

Oft lassen sich die Ursprünge der Hauptmasken auf historische Situationen zurückführen: Die komische Dienergestalt des »Arlecchino« (9) wird in der Commedia ihrer sozialen Herkunft nach als Bauer aus Bergamo bestimmt, die während des 16. Jahrhunderts zu Tausenden in die Städte kamen und dort in niedere Dienste, meist als Lastträger, eintreten mußten. Daher rührt sein eingeschwärztes Gesicht bzw. seine schwarze Gesichtsmaske. Sein Typ und der seiner »Verwandten«, also »Pulcinella«, »Brighella«, »Coniello« – alles ursprünglich Bauerngestalten –, eignen sich am besten als Identifikationsfiguren für das Volk. Intrigieren gegen die Mächtigen, seinen eigenen Vorteil mit Gewitztheit durchsetzen, sich vom Leben respektive der Gesellschaft nicht unterkriegen lassen – diese Eigenschaften begründen deren Popularität. A. Marcia meint: »Hinter Harlekin steht die furchtbare Gegenwart der Entwurzelten und Vernichteten.« (Farbabb. 23)

»Pantalone« (Farbabb. 24) gehört auf die Seite der Mächtigen. Seine Maske steht für den reichen venezianischen Kaufmann, der sein Leben auf der Suche nach dem Geld verzehrt. In seiner Gestalt kann z. B. der gesamte historische Niedergang Venedigs facettenartig wiedergegeben und spöttisch kommentiert werden.

Im »Capitano« verkörpert sich aktuell der Protest des italienischen Volkes gegen die nach 1550 einsetzende spanische Fremdherrschaft in Italien. In seiner Gestalt vereinigen sich Hochmut, Habgier, Grausamkeit und Prahlsucht. Auf die Gestalt des »Dottore« kann sich der ganze Ärger des Volkes über die Elite der Gebildeten konzentrieren. Meist ist er Jurist oder Arzt und im Grunde ein Schwätzer mit eklektischem Wissen voller Ungereimtheiten.

»Tartaglia«, ein Stotterer, verkörpert den Beamten, den Behördenmenschen, dessen dicke Brille für echte oder übertragene Kurzsichtigkeit steht.

Diese verkürzte Wiedergabe der Hauptgestalten, die ihrer Differenziertheit im einzelnen sicher nicht gerecht wird, soll eines deutlich machen: Die Masken stehen hier für gesellschaftliche Rollen, für bestimmte Typisierungen. In ihnen brechen sich die Zustände der Gesellschaft, wird das durch sie bestimmte menschliche Bewußtsein offensichtlich. Ihre Zwänge normieren den Menschen zu Typen, sie prägen seine Reaktionsweisen, die allerdings in sich vielfältig sein können. »Im Verlaufe der Geschichte beginnt sich die menschliche Psyche aus einer Starrheit zu lösen und wird zum Gegenstand allgemeinen Interesses. Die Maske ist Bildnis von Fehlern und Mängeln eines Charakters und sogar einer Epoche. Die Maske wird menschlicher. Sie verläßt die kalte Umarmung der klassischen Statue, nähert sich einem Humanitätsideal und befreit sich von dem Zwang, leidend sein zu müssen – endlich hat die Maske den Menschen zum Gegenstand so wie er ist.« So charakte-

Hauptfiguren der Commedia dell'arte: Pantalone (links) und Arlecchino (rechts)

risiert A. Marcia (*Die Commedia dell'arte in den Masken der Sartoris,* 1982) die Entwicklungslinie der Maske von der Antike zur Commedia dell'arte. Es geht nicht mehr um abstraktes Menschsein innerhalb göttlich verfügter Schicksalsverstrickungen, sondern um konkret gesellschaftlich bestimmtes Sein, das die Identität ihre Mitglieder formt in ihren Stärken und Schwächen.

War die Maske der Antike nicht geschaffen, sich einem Gesicht anzupassen, sondern ein Fremdkörper, der sich nicht auf menschliche Maße bezog – so willkürhaft wie das Schicksal –, berührt die Nô-Maske das Gesicht des Darstellers nur an zwei oder drei notwendigen Kontaktstellen und berücksichtigt anatomische Gegebenheiten in keiner Weise, was ja auch in ihrer Funktion eines übergeordneten rituellen Zwecks überflüssig ist, so paßt die Maske der Stegreifkomödie wie ein Handschuh. Tatsächlich waren sie meist aus Leder geformt. Es scheint ein Gleichnis zu sein dafür, wie die gesellschaftliche Rolle nunmehr mit dem Individuum wie eine zweite Haut verschmilzt und kein Ausbrechen ermöglicht.

Diesen Prozeß spiegelt die Form der Stegreifkomödie und die Besonderheit ihrer Schauspieler in eindrucksvoller Weise wider.

Die Stegreifkomödie kannte keine ausgeschriebenen Rollen, sondern nur ein Szenarium, das auf einem hinter der Bühne befestigten Zettel den Kern der Handlung sowie Auftritte und Abgänge festlegte. Die Ausgestaltung der Szenen und Dialoge wurde auf der Bühne während der Vorstellung improvisiert. Eine kaum vorstellbare schauspielerische Leistung – und in der Tat müssen sie großartig gewesen sein –, wenn da nicht einige hilfreiche Tatbestände gewesen wären:
So handelte es sich nie um totale Improvisation, sondern gemäß der Vorgabe der Masken um jeweils neue Interpretationen von Stereotypen und Mustern. Das heißt, die Maske konstituierte gemäß der durch sie repräsentierten gesellschaftlichen Rolle einen trainierbaren Rahmen. Die Schauspieler prägten sich z. B. Sentenzen ein: Liebeserklärungen, Vorwürfe, Verzweiflungs- und Wahnsinnsausbrüche, die genau zu ihrem Typ paßten, und hatten sie im Bedarfsfalle vorrätig. Hier wird ganz deutlich, daß es um die Darstellung vorgefertigter Verhaltensweisen geht und keineswegs um eine psychologische Charakterisierung von Personen. Alle Reaktionen sind durch den Rollentypus im vorhinein normiert.

Hinzu kommt, daß die Schauspieler immer dieselben Rollen spielen. Die Maske wird zur lebenslänglichen Verkleidung, die oft sogar zum Vergessen der ursprünglichen Identität des Schauspielers führte – oder es fand eine Verschmelzung statt: Der Schauspieler ging so sehr in der Maske auf, daß er seinem Rollentypus ein charakterisches neues Gepräge gab. Diese Macht der Maske zur völligen Identifizierung konnte sich um so leichter entfalten, als es kaum die Möglichkeit gab, die Rolle einmal zu wechseln.

Über zwei Jahrhunderte besteht die Commedia dell'arte. Dann verschwindet sie, und mit ihr die Theatermaske, in der zweiten Hälfte des 18. Jahrhunderts.

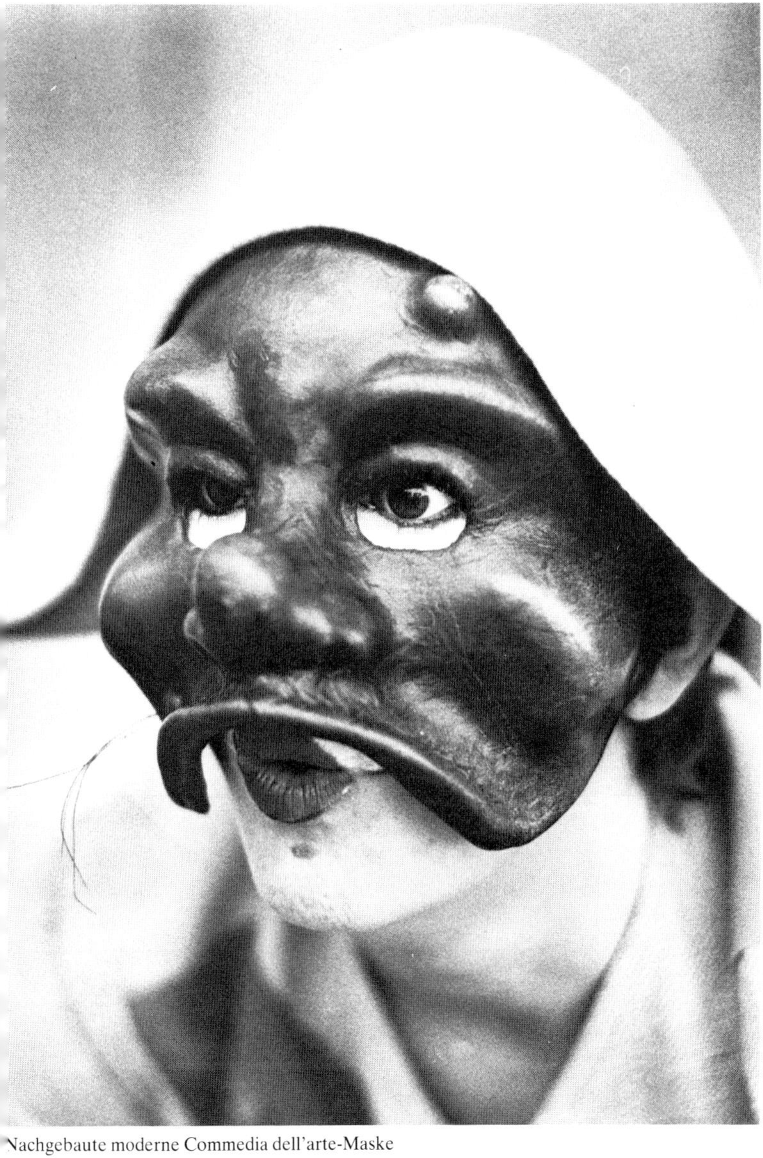

Nachgebaute moderne Commedia dell'arte-Maske

Zeitlich fällt dies etwa zusammen mit dem Beginn des Hochkapitalismus, dem Beginn einer neuen Zeit und Welt. Denn mit ihm verliert das Leben endgültig Stabilität und Stetigkeit. Gesellschaftliche Rollen gehen verloren und machen rücksichtslosem Individualismus Platz. Erst mit der Ideologie des wirtschaftlichen Liberalismus setzt sich die Idee individueller Freiheit völlig durch. Der neue Glaube an die Allmacht des Menschen, an seine grenzenlose Veränderlichkeit kann die starre Typisierung der Maske nicht mehr gebrauchen. Wo die gesellschaftlichen Schranken, zumindest gedanklich oder prinzipiell, aufgehoben sind, zählt nur noch das Individuum. Nun geht es um die Darstellung innerer gefühlshafter Vorgänge, und dazu braucht man die bewegte Mimik. Der Schauspieler soll nach Diderot ein kalter Mensch sein, der nichts fühlt, aber das Gefühl hervorragend darstellt. Im Sinne dieser geforderten Distanz zur Rolle ist die identifizierende Kraft der Maske überflüssig, wenn nicht gar eine Gefahr geworden.

Masken im modernen Theater

Im großen und ganzen beherrscht die Schminkmaske die moderne Theaterszene, nur ab und zu treffen wir auf Masken im eigentlichen Sinne mit ganz unterschiedlicher Zielsetzung. Als einer der ersten unseres Jahrhunderts entdeckte *Oskar Schlemmer* die Ausdrucksmöglichkeiten der Maske neu und gilt somit als Vorläufer vieler moderner Experimente des sogenannten Freien Theaters der Gegenwart.

Schlemmer übernahm 1923 die Leitung der Bauhaus-Bühne. Als Plastiker beschäftigte er sich mit dem Spannungsverhältnis von Körper und Raum, wobei ihn die Fixierung aller Bewegung in der Endgestalt eines einzelnen plastischen Werkes auf Dauer nicht befriedigte. So kam er zur Auseinandersetzung mit dem Ballett und schuf als folgerichtige Konsequenz seine 20 Figurinen als bewegte Plastiken im Raum – sein *triadisches Ballett* als völlig neuartige Synthese von Plastik und Tanz.

Oskar Schlemmers Triaden-Figuren aus dem ›Triadischen Ballett‹. Berlin 1926

Die menschliche Gestalt wird durch die Kombination stereometrischer Raumkörper, Kugeln oder Kuben, zur Kunstfigur, die elementare Gegebenheiten – wie Farbe, Form, Körper und Raum – in ihren Wechselwirkungen sichtbar werden lassen soll. So entsprach es den allgemeinen Zielsetzungen des Bauhauses.

Schlemmer benutzt Maske und Kostüm, um alles Individuelle, Zufällige der menschlichen Gestalt zu tilgen. Ihr kommt nur die Rolle des Trägers zu – des Trägers einer Raumplastik. Eine Ganzkörper-Maske aus Materialien wie Aluminium, Zelluloid, Draht und biegsamem Glas abstrahiert den menschlichen Körper zu farbigen, metallischen Plastiken, die sich von Tänzern getragen im Raum bewegen. Dabei wird das Körpergefühl entscheidend beeinflußt: Je mehr der Tänzer mit der scheinbar vergewaltigenden Maskierung verwächst, desto stärker gelangt er zu völlig neuen tänzerischen Ausdrucksformen – zu Bewegungen, die durch Formgesetzlichkeiten geprägt sind.

Dementsprechend konstruierte Schlemmer vier Grundtypen seiner Figurinen: Geht es um die Veranschaulichung von Gesetzen des kubischen Bühnenraums, so nähert sich die Umwandlung des menschlichen Körpers einer wandelnden Architektur aus festgefügten stereometrischen Formen. Geht es eher um die funktionalen Gesetze des Körperbaus, so gleicht sich die Figurine einer Gliederpuppe an. Geht es um Bewegungsgesetze des Körpers im Raum, so wird sie zu einem stereometrischen Rotationsgebilde. Soll schließlich die Symbolik der Körperformen betont werden, so tendiert das Kostüm zur Entmaterialisierung.

Alle Mittel der Bühnenkunst – Kulisse und Raum, Bild und Ton – verhelfen dazu, die beherrschende Idee von Maske und Kostüm zu verdeutlichen. Es geht hier also um eine Art ›Gesamtkunstwerk‹, dessen Kriterium die Zwitterstellung zwischen Ballett, Pantomime, Theater einerseits und Bildender Kunst andererseits ist. Diese fluktuierenden Grenzen sind immer noch typisch für die Experimente des freien Theaters heute sowie von Performance-Künstlern der Gegenwart.

Nach dem Ende des Faschismus in Italien kam es im Zuge der Neubesinnung auf die Ziele des Theaters zu einer *Wiederbelebung der Stegreifkomödie* im bewußten Rückgriff auf alte Traditionen und Typen der Commedia dell'arte. Die Inszenierungsarbeit ist verbunden mit dem Namen *Giorgio Strehler,* der 20 Jahre hindurch das Teatro Piccolo in Mailand leitete. Die Herstellung der Masken ist mit dem Namen *Sartori* verbunden, Amleto und Donato, Vater und Sohn, zwei Bildhauer, die sich intensiv mit der Maske befaßten und teilweise alte Verfahren, z. B. die Herstellung von Ledermasken, neu entdeckten.

Bei der Verwendung der Masken im Rahmen dieser Arbeit ging es schwerpunktmäßig um eine Erneuerung theatralischer Ausdruckskraft durch expressive Gestik. So fungiert die Maske u. a. als Übungsinstrument für die Schauspieler, die unter Verzicht auf das Mienenspiel allein durch die Gestik die Maske verlebendigen müssen. Dazu schafft Amleto Sartori zunächst eine sogenannte »neutrale Maske« ohne jeden Gefühlsausdruck, was viele mühevolle Versuche nötig macht, denn es ist schwierig, den Hauch eines Lächelns oder einen Schimmer von Traurigkeit zu vermeiden. Diese Maske konnte gestisch-pantomimisch in beliebige Richtungen belebt werden. Später erfindet Sartori expressive Masken, die

oderne Commedia dell'arte-Figur mit typischer Halbmaske

Zeichen einer Gemütsbewegung oder eines Charakterzuges tragen: Jähzorn, Freude, Wut, Phlegma, wobei der Schauspieler die Aufgabe hat, jeder Maske den passenden Körper und Gestus zu geben.

Besonders interessant sind die konkreten Erfahrungen von Schauspieler, Regisseur und Hersteller mit der Maske, die auf »hautnahem« Erleben beruhen.

Der Schauspieler empfindet die Maske als Tyrann, den man in seiner Formungskraft lieben und hassen kann. Auf jeden Fall ist perfektes Maskenspiel nur dann möglich, wenn der Schauspieler es vermag, sich dem Charakter der Maske anzupassen. Jede Geste, jeder Schritt, jedes Zeitmaß muß perfekt auf sie abgestimmt sein. Stehen diese Faktoren in krassem Gegensatz zur Maske, so ist der Eindruck höchstens lächerlich. Oft ist die Formung der Maske so unwiderstehlich wie hilfreich. Sie zwingt Haltungen einfach auf, indem z. B. die Blickrichtung nach unten auf die Füße eingeengt ist und dadurch eine unnatürlich erhobene Pose angenommen werden muß. Verlangt die Anpassung an die Maske schon hohes darstellerisches Können, so bedarf es der Spitzenleistung, die Botschaft der Maske einfach umzudrehen. Aber auch das ist laut A. Marcia möglich: »Auf dem faltigen Gesicht des Alten kann man den Jüngling tanzen sehen, das Ausbrechen neuer Kräfte – oder der Scheue, Stotternde wird zu einem Krieger voller Sicherheit. Die Maske nimmt Rhythmus und Willen des Schauspielers an und drückt den Gegensatz zur eigenen Natur aus, wird zur Gegenmaske.« Ein ungeheures Spannungsverhältnis zwischen Maske und Darsteller wird hier sichtbar. Die Künstlichkeit der Maske wird zur Provokation seiner Kunst.

Die Auseinandersetzung mit der Maske eröffnet ganz neue Dimensionen: Man stellt z. B. fest, daß die Maske gestisch nicht mit der Hand berührt werden darf, sondern Gesten nur in der Luft skizziert werden dürfen, um absurde Wirkungen zu vermeiden: »Die Maske verträgt nicht die Konkretheit der realen Gebärde.« Ihre Abhängigkeit von Technik und Umgebung wird neu entdeckt: »Die Maske ist ein sehr präziser Gegenstand ... nur wenn Nützlichkeit und Schönheit eins werden, läßt sich die Sterilität der Verzierung meiden ... Linien dienen dazu, das Gesicht zu zeichnen, einen Charakter, ein Alter, eine Empfindung auszudrücken – sie sind die Sprache des Gesichts.« Die Linien müssen sich auf das Wesentliche beschränken, denn ihre Prägnanz geht mit dem Abstand zur Bühne verloren. Das Publikum sieht nur Einschnitte, Flächen, Wechsel von Hell und Dunkel. »Wenn man eine Maske baut, muß man sich fragen, was auf der Bühne von ihr übrigbleibt« (Zitate: Giorgio Strehler, *Die Commedia dell'arte in den Masken der Sartoris,* 1982). Das Ringen um das richtige Material erschließt weitere Aspekte. Nur Leder ermöglicht das Gefühl einer angenehmen, lebendigen Umhüllung. Holz ist zu steif, Pappmaché verliert die Form, Kunststoff atmet nicht und bleibt fremd. Hingegen atmet und schwitzt die Maske aus Tierhaut mit der Haut des Menschen. Ist sie am Anfang störrisch wie ein neuer Schuh, so wird sie nach jahrelanger tagtäglicher Arbeit zu einem Teil des Schauspielers – scheint mit ihm zu verwachsen. Am Ende einer anstrengenden Szene wischt ein Schauspieler sich den Schweiß von der Maske, ohne sie abzunehmen – ganz so, als wäre es sein eigenes Gesicht. »Dies *ist* mein eigenes Gesicht«, behauptet der Harlekin (nach A. Marcia).

Masken, von Sartori gefertigt, finden u. a. vielfach in Neuinszenierungen antiker Tragödien Verwendung. Dies alles ist Teil einer Reformierung und Revolutionierung des alten Illusionstheaters, das auch angesichts neuer Medien wie des Films immer fragwürdiger geworden war, so daß eine Rückbesinnung auf ureigenste Ausdrucksmittel des Theaters einsetzte. In diesem Sinne wird die Bedeutung des Masken- und Typentheaters als Ausbruch aus verkrusteter Theaterpraxis neu entdeckt. Auch Brecht, der nach dem Zweiten Weltkrieg in Deutschland wegweisend ist und sich Anregungen vom indischen und chinesischen Theater holt, greift im Rahmen seines Verfremdungseffekts, der durch Verhinderung von Identifikation auf seiten des Schauspielers wie des Publikums die rationale Auseinandersetzung mit dem Stoff ermöglichen soll, auf das Mittel der Maske zurück.

In ›Jeder stirbt für sich allein‹ nach Fallada läßt Peter Zadek die Mitglieder von Nazi-Organisationen Masken tragen, dort, wo sie in der Masse auftreten. Dadurch kennzeichnet er sie in ihrem undifferenzierten Mitläufertum, ihrer Anonymität als Flucht vor

Szene aus »König Lear« am Old Vic, 1958. Schminkmasken des traditionellen Theaters als Ausdrucksmittel individuell-gefühlshafter Vorgänge

individueller Verantwortung bis zur charakterlichen Deformation. Zadek steht damit als Beispiel für viele, die die Maske als bloßes Requisit in Theaterstücken gesellschaftlichen Inhalts benutzen.

Dieses rein Requisitenhafte der Maske wird in der sich zu Beginn der 60er Jahre formierenden Bewegung des Freien Theaters (Farbabb. 26) weitgehend abgelehnt. Sie versteht sich als Aufbruch gegen etablierte Bühnenkunst und gegen gesellschaftliche Verkrustung im allgemeinen, als Aufbegehren gegen eine rationale, den Untergang täglich neu programmierende Menschheit. Es geht ihr um die Darstellung des Absurden, Ungeheuerlichen, an das man sich immer mehr zu gewöhnen scheint. Sie setzt Selbstverwirklichung gegen Konformismus (nach Rainer Harjes).

Dazu sollen die eigentlichen theaterspezifischen Mittel neu belebt und ausgeweitet werden. Die Aussage soll weniger mit dem Mittel der Sprache, sondern eher durch visuelle Gebilde, die intuitive Assoziationen auslösen, erfolgen. So tendiert das neue Theater stark zur Körpersprache und zum Einsatz phantastischer Raumgebilde und Lichtwirkungen. Auch das Stilmittel ›Maske‹ wird wieder neu herausgearbeitet, wobei die Inspirationen zum Teil unmittelbar aus rituellen Maskentänzen der Naturvölker bezogen werden. So entfaltet sich das Spiel in modernen Maskenimprovisationen oft zeremonienartig. »Laute sind nicht als eindeutige Begriffe erkennbar, sondern ähneln eher klangartigen Lautschwingungen. Klänge und Bewegungen weben sich zu komprimierten Impressionen zusammen, die immer wieder an altes kultisches Theater erinnern« (R. Harjes, *Handbuch zur Praxis des Freien Theaters*, 1983). Auch hier geht es, ähnlich wie bei Sartori, um die Wiederentdeckung eines Ur-Vokabulars, der Eigendynamik des Maskenspiels. So äußert Christoph Riemer (Maskentheater ›Donner und Witz‹ und ›Atelier zu den vier Winden‹): »Irgendwas hat die Maske an Tiefe, was ihren Träger vollkommen verwandelt. Man kann sich hinter ihr verbergen; andererseits offenbart sie den Träger in einer unglaublichen Direktheit, macht ihn erst sichtbar... Es geht für mich nicht darum, daß man die Maske führt, sondern von der Maske geführt wird, und es geht um diesen Schritt, sich selbst vollkommen in etwas hineinzuverwandeln und nicht zu sagen, ich will, daß die Maske so oder so ist, sondern die Maske will, daß ich so oder so bin. Das ist natürlich ein Schritt, der uns aufgeklärten Menschen einerseits sehr schwerfällt und andererseits sehr erschreckt« (aus R. Harjes, *Handbuch zur Praxis des Freien Theaters*, 1983).

Hier scheint es von der übergeordneten Zielsetzung her um die Suche nach einem neuen Identitätsgefühl zu gehen, bei dem die

Straßenvorstellung des »Bremer Bildertheaters«

 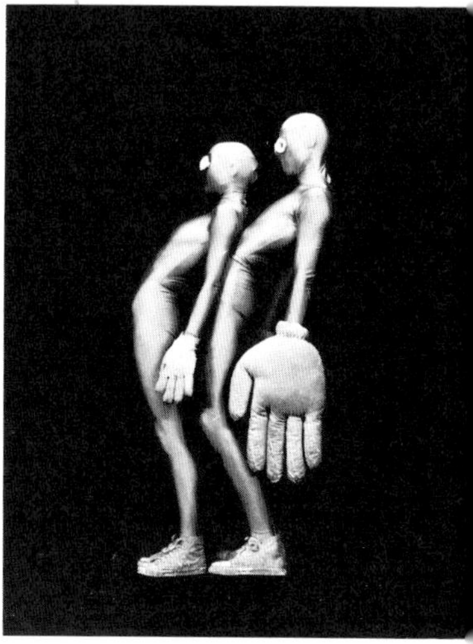

Das Mimentheater ›Magma‹ mit einem Beitrag zum Thema Partnerschaft

Überbetonung des Intellekts zugunsten intuitiv-gefühlshafter Bereiche aufgegeben werden soll – ein Streben nach harmonischer Vereinheitlichung des Menschenbildes, wie es schon Künstler des Expressionismus formulierten, die dabei ihr Interesse ebenfalls auf primitive Kunstäußerungen richteten.

Auch das *Bread and Puppet Theatre* (USA), ein Straßentheater, das unmittelbare Kontaktmöglichkeiten mit dem Publikum sucht, holte sich Anregungen bei ursprünglichen Maskenriten. Ihre Akteure ließen sich hauptsächlich von indianischen Kulturen anregen. Sie arbeiten hauptsächlich mit lebensgroßen Masken und Puppen, die sie im Eigenbau herstellen als Reaktion auf die überhandnehmende Technisierung des Theaters. Die Themen weisen immer einen aktuellen Bezug zur Gegenwart auf. So wurde z. B. die große Demonstration gegen den Vietnamkrieg in New York 1966 zur Straßenbühne für ein faszinierendes Maskenspiel mit Totenmännern, Flugzeugen mit Haifischmaul und Friedenssymbolen.

Beim *Bremer Bildertheater* inszenierte ein »Bread and Puppet«-Mitglied mit Bremer Schauspielern unter Verwendung von Mas-

 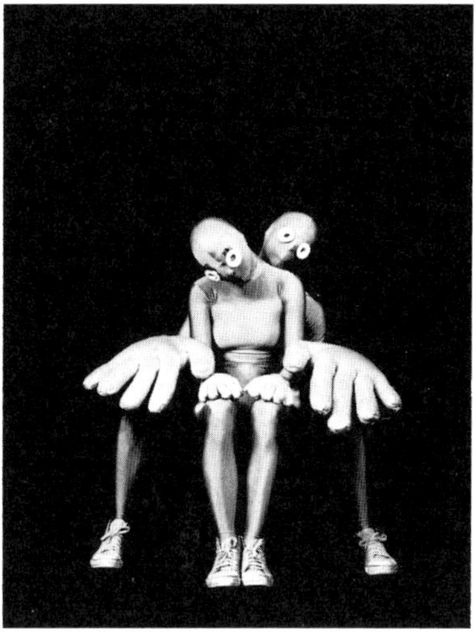

ken provokative Straßenaktionen: ein Einbruch des Phantastischen, Surrealen in die nüchterne Bremer Alltagswelt.

Beim *Mimentheater »Magma«* geht es ebenfalls um die Faszination des Phantastischen. Hier sollen Sehgewohnheiten der Zuschauer mit absurd-grotesken oder märchenhaft-phantastischen Elementen durchbrochen werden – ein Farb-, Formen-, Licht- und Bewegungsspiel, in dem auch die Maske als Steigerung der pantomimischen Sprache ihren festen Platz hat. Mit ihrer Hilfe sollen tiefere, ursprünglichere Wahrnehmungsschichten angesprochen werden.

Diese hier skizzierten ganz unterschiedlichen Verwendungskontexte von Masken im modernen Theater entsprechen der Pluralität künstlerischer Zielsetzungen, wie sie für die Gegenwart charakteristisch ist. Immer jedoch scheint die Maske als Chance ergriffen zu werden, die Aussage von Text oder Handlung auf visuell-sinnlicher Ebene wirkungsvoll zu verstärken. Sie scheint auch immer dort als Darstellungsinstrument bevorzugt zu werden, wo es um die Klärung übergeordneter Zusammenhänge geht und weniger um menschlich-individuelle Introspektion in ihrer Konflikthaftigkeit.

Schminkmasken: Theater, Pantomime, Ballett

Da das neuzeitlich-abendländische Theater immer stärker die Tendenz zur Individualisierung zeigte, wurde die Starrheit der Maske zur Last. Die Schminkmaske erhält den absoluten Vorrang, da mit ihr die Beweglichkeit der Mimik als Ausdrucksmittel für Gefühle und Gefühlsnuancen erhalten bleibt. Die Ausdruckskraft der Mimik soll jedoch nicht nur erhalten bleiben, sondern durch Schminke verstärkt werden. Diese Verstärkung physiognomischer Merkmale übernimmt zunächst ähnliche Funktion wie die starre Theatermaske, indem sie vorherrschende Charakterzüge kennzeichnet, und ist ebenso abhängig wie sie von Beleuchtung und Entfernung. Ihr unverzichtbarer Vorteil ist jedoch ihre Variabilität und damit die Möglichkeit der Darstellung des Menschen in seiner Widersprüchlichkeit und Vielseitigkeit, wie es für ein Theater notwendig ist, das der Anschauung des heutigen Menschen in seiner Differenziertheit der Psyche und in seiner Ambivalenz gerecht werden will. Für das Ballett sind die bühnentechnischen und darstellerischen Aspekte der Schminkmaske als Instrument der Ausdrucksbetonung ebenso zutreffend.

Die nonverbale Kommunikation der Pantomime (Farbabb. 27–30) ist besonders auf wirkungssteigernde visuelle Faktoren angewiesen. Sie hat in der Mimik des Gesichts ihr differenziertestes Ausdrucksmittel. Dementsprechend betont die Schminke alle seine Komponenten. Meist auf einer weißen Grundierung werden Augen, Augenbrauen und Mund betont, so daß sich die Aufmerksamkeit des Zuschauers auf diese Elemente konzentriert und ihre Bewegungen gleichsam abstrahierend vom Darsteller verfolgen kann. Das Gesicht scheint sich zur beweglichen Maske zu verselbständigen, die zeitweise in übertriebener Pose verharren und dadurch verdeutlichen und schockieren kann. Das Wechselspiel zwischen Bewegung und Erstarrung beherrscht z. B. Marcel Marceau meisterhaft. In einer Szene »Der Maskenmacher« setzt er sich der Reihe nach imaginäre Masken auf, wobei sich sein Gesicht ständig wandelt, in immer schnellerem Rhythmus Ruhe und Bewegung wechseln, bis schließlich die absurdeste Maske sich nicht mehr abnehmen läßt.

Performance-Künstler auf der documenta 7, Kassel

Insgesamt sind die Grenzen von Theater, Ballett und Pantomime fließend geworden. Vielfältige Brückenschläge gibt es auch zur Bildenden Kunst. Z. B. bedienen sich Performance-Künstler (Farbabb. 31–36) wirkungssteigernder Körperbemalungen, die als Teil bewegter Aktion zum sinnlichen Aussageträger werden, beispielsweise als prozeßhafte Vermischung zweier verschieden bemalter Individuen.

Zirkusclowns und andere Spaßmacher

Die Maske für den einmaligen Gebrauch ist unerläßliches Zubehör des Zirkusclowns. Bei ihm gilt es zwei Typen zu unterscheiden, den dummen August und den vornehmen Weißclown. Wahrscheinlich

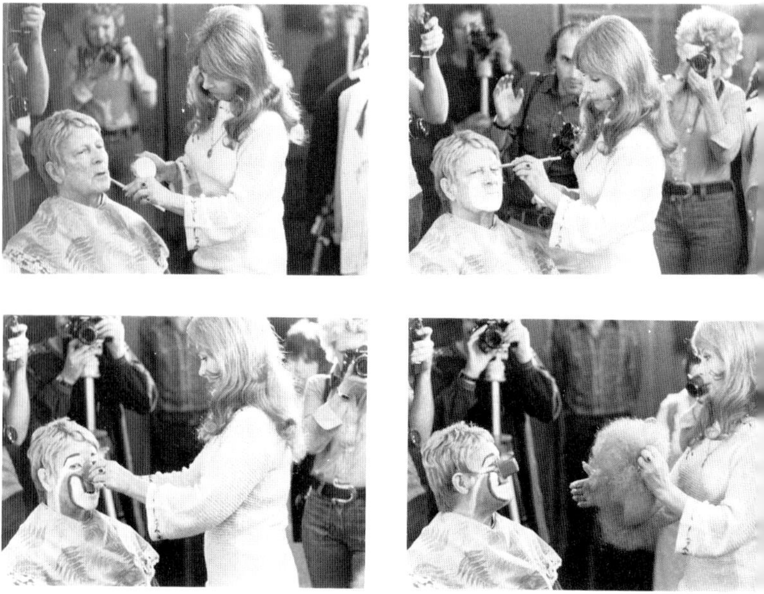

Pauline Schuhmann schminkt ihren Vater Charlie Rivel, Juni 1978

sind es Nachfahren von Commedia-dell'arte-Figuren. Jedoch gehören sie ebenso in die Tradition vielfältigsten Narrentums, das schon zu antiken Zeiten existierte und die Leute belustigte. Ihre Herkunft ist kaum auszumachen.

Weißclown und dummer August (Farbabb. 38) ergänzen sich antipodisch in ihren Eigenschaften. Der erste ist vornehm, kann alles, weiß alles, ihm gelingt alles, dagegen ist der zweite ein Tölpel, dem alles danebengeht, dessen Naivität jedoch über jede Verzweiflung erhaben ist. Meist treten sie zusammen auf, denn erst im wirkungssteigernden Kontrast kommt der einzelne recht zur Geltung. Diesen Kontrast verdeutlichen, wie könnte es anders sein, die Masken. Während der vornehme Weißclown die traditionell festgelegten Merkmale des weißen Gesichts, der rot geschminkten Ohren, der schwarzen, arrogant geschwungenen Augenbraue, des spitzen Hutes und des prunkvoll glitzernden Gewandes mit weißen

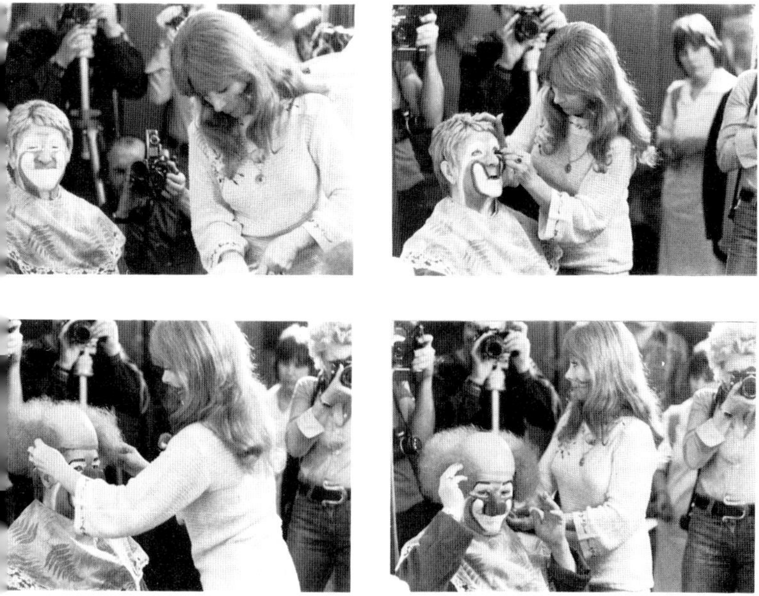

Strümpfen aufweist, ist für seinen Gegentyp die Vergrößerung des Mundes in Schwarz und Weiß, dessen Winkel oft melancholisch herabgezogen sind, die rote Knollennase, Strubbelhaare und die viel zu weite und zu kurze Hose mit riesigen Schuhen obligatorisch. Variationen innerhalb dieses Rahmens dienen als Erkennungszeichen oder Markenzeichen, wie z. B. das viel zu lange rote Hemd des Charlie Rivel (Farbabb. 40).

Die Clownsmasken als Spiegelbild von schön und häßlich, klug und dumm, oben und unten, erwachsen und kindlich, umfassen eine Spannbreite von Leben. Das bemerkenswerte daran ist, daß die Sympathien des Publikums immer auf der Seite des Unterlegenen sind. Es verlacht die Tölpelhaftigkeit des Clowns und genießt doch zugleich seine Unvernünftigkeit. Es belacht und bewundert zugleich seine kindlichen Reaktionen, seine so wunderbar spontanen Aktionen und Gefühlsausbrüche und fühlt dabei untergründig

Wehmut über die eigene einschränkende Vernünftigkeit und Resignation. Im Clown identifiziert man sich mit den Möglichkeiten der Kindheit und damit gleichzeitig mit dem Scheitern an der Welt. Das ist der doppelte Boden des Gelächters; das bedingt die Zwiespältigkeit der Clownsmaske in ihrer melancholischen Fröhlichkeit und lächerlichen Traurigkeit.

Jeder ist ein Clown – vielleicht wird auch darauf (visuell) angespielt, wenn im *Zirkus Roncalli* (Farbabb. 37) jeder Zuschauer vor Eintritt in das Zirkuszelt einen roten Punkt auf die Nase gesetzt bekommt. Zumindest der Appell ›Sei für eine Weile ein Clown, staune wie ein Kind und lach über dich selbst‹ scheint mit dieser Maskierung an jeden gerichtet zu werden. Und er funktioniert. Die Maskierung verbindet die Zuschauer untereinander und auch mit den Zirkusleuten, vereinfacht das Sich-Entziehen aus der Realität, das Vergessen des Draußen, das Eintreten in die Phantasiewelt der Zirkusarena, bis die Lichter ausgehen und dir der Clown am Ausgang mit einem tiefen Blick in die Augen die Hand geschüttelt hat.

Auch andere Humoristen unterschiedlichster Couleur, von der Satire bis zur Blödelei, die sich über die Medien an ein großes Publikum wenden, bedienen sich der Masken, oft als Karikatur gesellschaftlicher Rollen. In der Übertreibung liegt das Mittel der Bewußtmachung. Wenn Otto das Wort zum Montag spricht oder Loriot Persönlichkeiten der Medienöffentlichkeit parodiert, werden Rollen als solche greifbar und gleichzeitig in ihren Mechanismen durchsichtig gemacht. Masken werden durch Maske enttarnt: Maske als Kritik von Alltagsmaskierungen.

Clowns erfreuen sich nach wie vor und in allen Bereichen größter Beliebtheit. Als *Jango Edwards* (Farbabb. 39) Mitte der 70er Jahre in Amsterdam von sich reden machte, erlangte er in wenigen Jahren ungeheure Popularität. Er gilt als die Vaterfigur der »Clownpower«. Das 1975 erstmalig stattfindende ›Festival of Fools‹ zog schon 1977 eine unüberschaubare Menge von Akteuren an. »Clownpower« erscheint wie eine Lebensphilosophie einer aus den Fugen geratenen Welt – spontan und chaotisch. Die Suche nach einem Sinn, einer weiterführenden Perspektive ist gar nicht erst beabsichtigt.

Aus André Hellers »Flic-Flac« ▷

Maskenbildnerei des Films

Die Maskenbildnerei des Films hängt eng mit der des Theaters zusammen. Das zeigt sich schon allein daran, daß derselbe Maskenbildner sowohl hier wie dort tätig sein kann. Jedoch gab die Entwicklung des neuen Mediums starke Impulse zur Vervollkommnung ihrer Techniken, z. B. durch die Möglichkeit der Großaufnahme, die den Zuschauer nicht mehr auf Distanz hält. Neue Filmmaterialien – Schwarzweißfilme verlangen eine andere Schminktechnik als Farbfilme –, die Verfeinerung von Beleuchtungstechniken, Unterschiede von Studio- zu Außenaufnahmen, Spezialschminke für Wasserschlachten, Tricktechniken verschiedenster Art – auf alle diese Faktoren mußte die Maskenbildnerei reagieren und neue Fertigkeiten entwickeln.

In der Frühzeit des Films konnte wohl von diesem Spezialistentum noch nicht die Rede sein. Bei Charlie Chaplin, Buster Keaton und all den anderen Stummfilmhelden geht es noch wenig um die Vortäuschung des Realen. Hier soll die clowneske Übertreibung noch spürbar sein. Angesichts ihrer »Sprachlosigkeit« nehmen sie Anleihen bei der Gesichtsmaske der Pantomime. Die Identifizierung mit der Maske ist hier fast ebenso groß wie bei den Darstellern der Commedia dell'arte. Charlie Chaplin verschmilzt total mit diesem Wesen aus Schnurrbärtchen, schwarzen Augen, Melone, wirbelndem Stöckchen, tolpatschigem Gang und einer unverwechselbaren Gesamtmotorik. Dies *ist* Charlie Chaplin, nicht der Mensch oder Filmproduzent dahinter. Die Charlie-Chaplin-Maske wird zum Clownstyp, der sich in jedem Film aufs neue mit der verdinglichten, unverständlichen Welt herumschlägt und gegen ihre Verfremdung ankämpft. Sie wird darüber hinaus unter dem Konkurrenzdruck der einzelnen Filmgesellschaften als unverwechselbare Kreation zum Markenzeichen.

Mit dem Tonfilm ändern sich auch die Masken. Die Clowns machen Platz für die Liebespaare, harte Männer mit anschmiegsamen Frauen. Stars werden geboren und von Maskenbildnern kreiert. Schön sollen sie sein, Idole, zu denen man aufblicken kann. Und so formt der Maskenbildner aus vorgegebenem Material ein Bild, ein Image und gibt es zum Massenkonsum frei. Die Masse feiert ihren Star, hängt seine Bilder an alle Wände, ahmt seine Posen nach, verschlingt Zeitungsberichte über sein Leben und steckt ihn in diese Schablone aus Idealbild und fester Meinung, neben der sie nichts anderes gelten läßt. Der Star ist gefangen: in der Maske, in der ein Teil seines Lebens geronnen ist. Nur dieser darf nach außen gezeigt werden; was nicht ins Image paßt, muß sorgsam verborgen werden.

Marilyn Monroe (Farbabb. 41) z. B. war ein Opfer ihrer Maske. An ihrem phantastischen weiblichen Körper war sicher nicht die Spur von Maskenhaftigkeit, jedoch ihr Kopf, ihr Gesicht wurde eingeschnürt in das visuelle Klischee vom blonden Dummchen. Dazu gehörten große, dunkle unschuldige Augen, volle Lippen, weiß schimmernde, tadellose Zähne, und dazu gehörten die richtigen Posen, der Schlafzimmerblick, das Unschuldslächeln usw. Niemand wird bestreiten, daß dies Marilyn Monroe war, wie sie leibte und lebte, ja daß ihr die Rolle auf den Leib geschrieben war, sonst hätte sie diese Sinnlichkeit nicht so unnachahmlich ausstrahlen können, aber es war eben nur ein Teil ihrer Persönlichkeit. Als sie darüber hinauswuchs, wurde ihr Image zur Maske, deren Starrheit sie einengte, ihr schließlich keine Luft zum Leben mehr ließ. Hier wird der Dualismus von Identität und Maske, von Verhüllung und Darstellung besonders deutlich. Die Maske der Monroe blieb in zahllosen Filmen und Bildern erhalten und wurde zum Mythos.

So erscheinen die modernen Masken der Filmidole wiederum als Verkörperung von Göttern in einer an sich götterlosen Zeit. Wie die Urmaske dient der Glamour-Star der Projektion, zwar nicht der Angst, sondern der Wünsche. Der Name des Gottes ist Schönheit, Jugend und sexueller Erfolg. Diesen Dingen gilt der Star-Kult, ein Wort des religiösen Bereichs, das hier nicht umsonst auftaucht: der Star als Gottersatz und als Droge für oder gegen all das, was vielen im Leben versagt bleibt. Dafür brauchen sie die Masken der Stars, die durch die Medien massenhaft vervielfältigt benutzbar werden. Die Person, deren Fassade benutzt wird, interessiert weniger. Die Maske als Kultgegenstand der eigenen Wünsche – das genügt.

In einem Filmgenre wird das Können des Maskenbildners auf das höchste gefordert: bei den Monstern und Außerirdischen im

Wie der Weltstar Romy Schneider ausgebeutet wurde (II)

Foto: Werner Bokelberg

DIE RÄTSELHAFTE

Es gibt viele Gesichter dieser widersprüchlichen Frau, privat und im Kino – und ebenso viele Wa

86 stern

Romy Schneider (Stern 43/82)

Leben

utopischen Film (Farbabb. 42/43). Ihre Beliebtheit nimmt ständig zu. Kaum ein Kassenmagnet der letzten Jahre, der nicht seinen Erfolg zum größten Teil perfekter Maskenbildnerei verdankte. In ›Cat-people‹ verwandelt sich Nastassja Kinski vor den Augen der Zuschauer in einen schwarzen Panther, im ›Poltergeist‹ reißt sich ein Mann das Gesicht vom Schädel usw. Die Maskenbildner formen mit Fischhaut, Gummimilch, Wachs und Farben Wunden und Verbrennungen nach Wunsch, Alterungsprozesse (z. B. in Sam Peckinpahs Film »Little Big Man«) werden durch spezielle Kunststoffe hervorgerufen, bei denen die Beweglichkeit des Gesichts voll erhalten bleibt. Meistens dient die maskenbildnerische Kunst dem Schockerlebnis, der mehr oder weniger wohligen Gänsehaut des Zuschauers, wobei die Naturgetreuheit, die detailgenaue Perfektion unbedingt erforderlich ist. Die Wirkung ist absolut abhängig von dem Eindruck der »Lebensechtheit«. Der Einsatz allen technischen Raffinements beugt sich dieser Maxime. Auf keinem anderen Gebiet ist der Film so sehr Illusionsfabrik wie hier.

Sehen wir einem Maskenbildner bei der Herstellung eines scheußlichen Werwolfmonsters über die Schulter: Zunächst wird die Haut mit einem unsichtbaren Klebstoff bestrichen, dann werden millimeterfeine Härchen aufgesetzt – Bartstoppeln sprießen. Ein Stück Wachs wird zu anatomischen Wülsten geformt und auf Wangenknochen und Augenbraue aufgesetzt, um damit animalische Schädelformen zu suggerieren. Weitere Haarbüschel werden mit Klebstoff an der Wange befestigt, der Haaransatz wird heruntergezogen. Rote und schwarze Schminkfarben geben der Fratze den letzten Schliff.

Etwas aus der gruseligen Art geschlagen scheint der sympathische Außerirdische E. T. Bei aller Monstrosität vermag er durch menschliche Reaktionsformen Mitgefühl und Mitleid zu erwekken. Das ist deshalb möglich, weil mit allen nur erdenklichen Mitteln aus der Trickkiste des Maskenbildners eine Mimik nachgeahmt wurde, die der menschlichen in Ausdruck und Beweglichkeit entspricht. In der Hauptsache schafft es die Technik, diese Wirklichkeitsillusion hervorzurufen, der menschliche Körper und das menschliche Gesicht des Maskenträgers verschwinden bei E. T. völlig. Er ist für den Eindruck von Lebendigkeit nur noch am

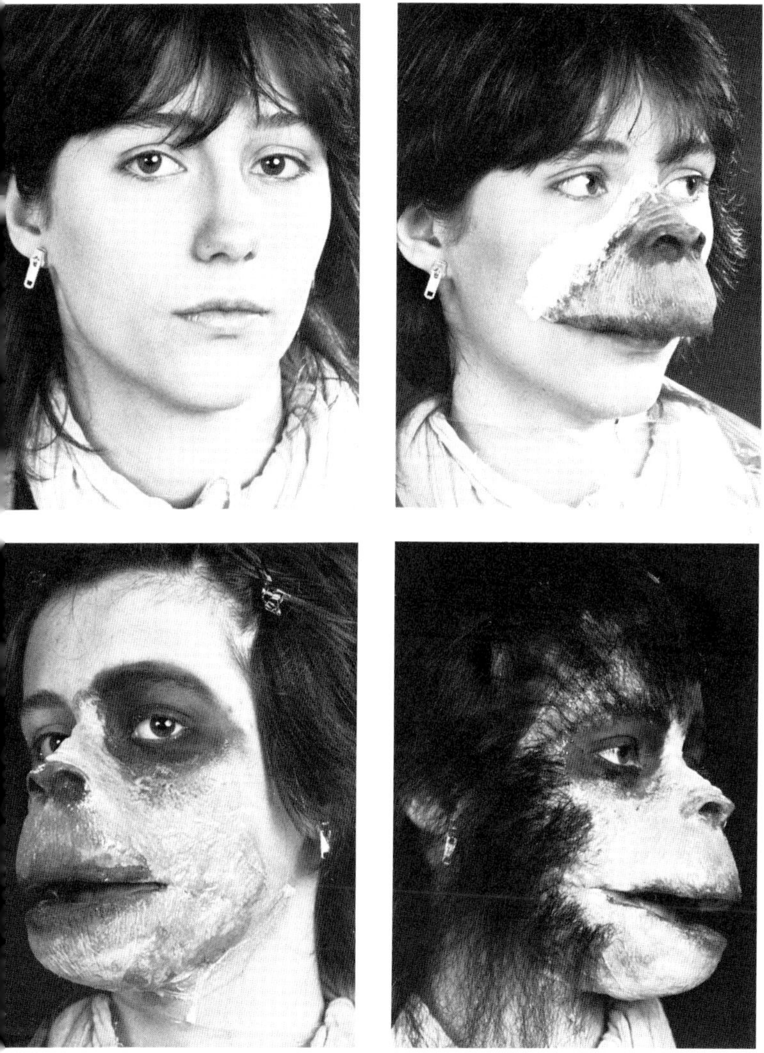

»Herstellungsprozeß« eines Affenmenschen aus gegossenen Silikonteilen, künstlichen Haaren und Schminkfarben. Ateliergemeinschaft 'Die Maske', Köln

Rande notwendig, für das Gehen. Nur dazu waren zwei Liliputaner und ein behinderter Junge notwendig, die eins der drei E. T.-Exemplare abwechselnd in Bewegung setzten. Eine andere Puppe aus Gummi, Stahl und Fiberglas wurde elektronisch gesteuert. Über Plastikschläuche wurde Luft in den Körper geblasen, um Atmung vorzutäuschen, oder der Hals wurde teleskopartig ausgefahren. Am diffizilsten gestaltet war eine dritte Puppe, die ebenfalls elektronisch gesteuert Grimassen ausführen konnte wie z. B. Augenbrauenhochziehen. Um Stirn und Nase herum befanden sich Dutzende von Plastikmuskeln, die sich mimisch verziehen ließen. E. T. führt das Charakteristikum der Masken*starre* vollends ad absurdum – scheint es.

Dieser merkwürdige Widerspruch von unbedingter Realistik der Maske und völliger Irrealität des Geschehens dieser utopischen Horrorfilme gibt zu denken. Gerade dieser Widerspruch macht wohl ihre Faszination aus. Warum?

Ganz sicherlich begegnet uns auch hier wieder die Maske als ein Bild der Angst und ist damit der Urmaske verwandt. Diese Angst als Untergrundstimmung der Gegenwart angesichts letztlich unkontrollierbarer Zerstörungspotentiale entspringt wiederum einem Gefühl der Machtlosigkeit. Sie mag sich in den Horrorvisionen dieser Filme niederschlagen und sich in ihnen ihre projektiven Bilder schaffen. Im Unterschied zur Kultgemeinde ist dem Kinopublikum bei allem emotionalen Mitschwingen und Grauen angesichts der Schreckensmasken auf der Leinwand doch immer latent bewußt, daß alles Illusion ist. Wahrscheinlich besteht allein dadurch eine psychische Entlastungsfunktion, daß Angstgefühle in Bilder umgestaltet werden. Dazu kommt jedoch noch das Aufatmen am Ende des Films, daß die Realität ja ganz so schrecklich wie im Film noch nicht ist. Daneben mag noch eine Rolle spielen, daß in solchen Filmen, die in ihrer Fratzenhaftigkeit so offensichtlich von der Wirklichkeit abweichen, ein Ausleben triebhafter Regungen oder Aggressionen auf der Identifikationsebene leichter möglich ist, da es unbemerkter geschehen kann als in Filmen mit menschlichen Hauptdarstellern, die direkt zur Identifikation her-

◁ Affenmensch (Endstadium)

ausfordern. So könnte die Horrormaske leichter die Umgehung von Überich-Strukturen – des erhobenen moralischen Zeigefingers – aufgrund ihrer Fremdheit ermöglichen.

Das Phänomen ›Maske‹ kommt im Bereich der Darstellungskünste in so vielfältigen Variationen vor, daß es kaum angemessen ist, so etwas wie einen gemeinsamen Nenner zu suchen. Deshalb sei es hier auch nur versuchsweise gewagt, unter dem Aspekt ›Maske und Identität‹ einige gedankliche Querverbindungen zu ziehen.

Das auffälligste Charakteristikum der Darstellungsmaske ist wohl, daß sich hier zwei Pole finden, die sicher auf keinem anderen Gebiet des Maskenphänomens so deutlich hervortreten: die Individualität des Schauspielers bzw. Maskenträgers auf der einen Seite und die Maske als Verkörperung einer Rolle auf der anderen. Wir sahen, daß erst dann, wenn diese Trennung vollzogen wird – die Trennung zwischen ›Ich‹ und Maske –, Schauspiel überhaupt möglich ist.

Blickt man noch einmal vergleichend zurück, so wandelt sich die jeweilige Gewichtung dieser beiden Faktoren der Darstellung. Steht im antiken Theater die Maske noch im Vordergrund, hinter der die Persönlichkeit des Schauspielers als unwichtig zurücktritt, so erscheinen Maske und Darsteller der Commedia dell'arte relativ gleichwertig. Dies wird unter anderem augenscheinlich in der Bevorzugung der Halbmaske, welche innerhalb der Typisierung durch Beweglichkeit der Mundmimik individuelle Ausgestaltung im Sinne des Darstellers erlaubt. Sicherlich kam es hier auch gerade zur Identitätsverschmelzung zwischen Rolle und Schauspieler, aber wesentlich als Produkt eines lebenslangen Lernprozesses und nicht als spontane Reaktion auf die Maske. Das Gleichgewicht zwischen Maske und Schauspieler bei der Commedia dell'arte drückt sich gerade darin aus, daß letzterer dem in der Maske verkörperten Typ ein völlig eigenes Gepräge geben konnte.

Mit der Schminkmaske schlägt die Gewichtung um. Der Ausdruckskraft der Schauspielerpersönlichkeit wird die Schminkmaske zum Vehikel, zum unterstützenden Hilfsmittel.

Das Verhältnis von Maske und Schauspieler scheint einen übergeordneten Entwicklungsprozeß menschlichen Bewußtseins widerzuspiegeln. Die Gesetzmäßigkeiten des Schicksals weichen Zwängen des gesellschaftlichen Seins, in die der Mensch fest eingebunden ist und auf die er als Typus reagiert. Je mehr der Mensch als Gattung und als Individuum selbstbewußt an die Steuerbarkeit des Seins aus eigener Kraft glaubt, desto mehr wirft er die Starrheit der Maske ab und ersetzt sie durch flexible veränderbare Häute. Je beweglicher die Maske, desto menschlicher erscheint sie.

Und plötzlich wird gerade diese Dimension der Menschlichkeit in der illusionistischen Horrormaske dem Schrecken übergestülpt – Masken-Maschinerien werden durch die Nachahmung differenziertester Beweglichkeit menschlich gemacht, und umgekehrt: das Menschliche wird unmenschlich, statt antiker Statue jetzt tierische Fratze. Sollte das ein Abbild der Erkenntnis sein, daß die Bedrohung nicht mehr von göttlichen Mächten herrührt, sondern von den Menschen selbst, insofern, als sie alle Mittel zur eigenen Vernichtung in der Hand haben?

Horrormaske aus dem Science-Fiction-Film »Metaluna 4 antwortet nicht«, USA 1955

5 Alltagsmaskierungen

Maske, das ist Schutz, Mimikry, Gewaltausübung; ist Wunsch- oder Zwangsvorstellung, ist Spiel oder Ernst; ist Verstecken, Provozieren, ist Anpassung und Ausbrechen.

Anneliese Schröder

Wo begegnen uns Masken hier und heute? Welche Funktionen erfüllen sie? Was sagen sie aus über die Identität des einzelnen, von Gruppen, der Gesellschaft insgesamt?

Das sollen die Fragestellungen dieses Kapitels sein.

Dabei geht es um Masken und Maskierungen, die weder dem Bereich der Kunst oder des Spiels noch zeitlich begrenzter Ausnahmesituationen wie der des Karnevals zuzurechnen sind, sondern um solche, die uns jeden Tag bei Arbeit, Sport, Politik oder in anderen gesellschaftlichen Gefügen begegnen – eben im gewöhnlichen Umfeld alltäglichen Lebens.

Dabei gibt es im großen und ganzen zwei Bereiche: jene, die sofort als Masken erkennbar sind, da sie das Gesicht zum Schutz verhüllen und Individuen unkenntlich machen. Aber noch vielfältiger und komplexer sind diejenigen Maskierungen, die auf den ersten Blick gar nicht als solche erkennbar sind, da sie eher der Offenlegung als dem Verbergen zu dienen scheinen. Diese Selbstdarstellungsmasken als Maskierung zu definieren ist einer der interessantesten Aspekte dieses Bereichs und wird uns an gegebener Stelle beschäftigen. Doch wenden wir uns zunächst den Schutzmasken zu.

Schutzmasken

Es ist auffällig, daß gerade unser Zeitalter der Technik und Wissenschaft ein ganzes Arsenal von Schutzmasken hervorgebracht hat, wie es sie in der Vergangenheit in vergleichbarer Form nie

a

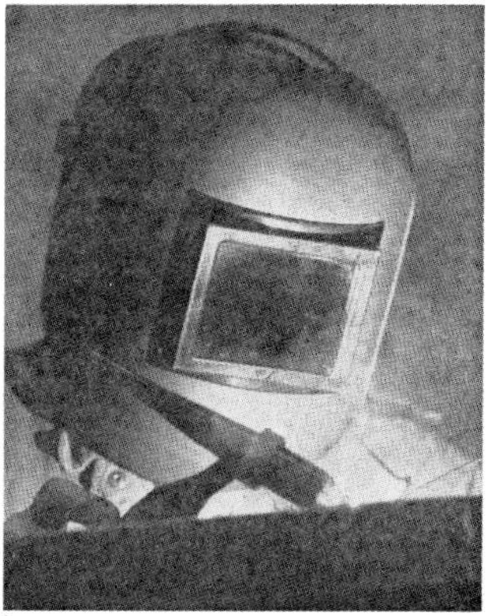
b

c

d

a–d Schutzmasken:
a Hitze- und Blendschutz für Gießereiarbeiter
b Elektroschweißerhelm gegen UV-Strahlen
c Atemschutzmaske der Feuerwehr
d Taucherhelm

gegeben hat. Dies steht eindeutig in Korrespondenz mit der Entwicklung von Vernichtungsmöglichkeiten, auf die der Mensch beachtliche Kreativität verschwendet hat. Aber auch da, wo es vom Zweck her nicht um Vernichtung geht, wie bei Kriegsmaschinerien aller Art, sondern um die Verbesserung von Lebensmöglichkeiten, z. B. die Entwicklung von Verkehrsmitteln, die Erforschung unbekannter Räume, die Entwicklung neuer Bearbeitungsmöglichkeiten von Materialien etc., immer ist die Gefahr mit eingeschlossen, Opfer dieser neuen Techniken zu werden.

Aus dem ursprünglichen Willen zur Beherrschung der Natur, deren Kräfte früher die Hauptbedrohung des Menschen darstellten, wurde schließlich auf wissenschaftlicher Grundlage die Voraussetzung für die mehrfache Vernichtung der gesamten Menschheit geschaffen. Nicht mehr die Unberechenbarkeit der Natur bildet heute die Hauptbedrohung, sondern die des Menschen selbst.

Der notdürftige Schutz der Maskierungen des Atomzeitalters wird im Extremfall zur Farce. In ihnen manifestieren sich letztlich Bilder der Angst des Menschen vor sich selbst und seinen Möglichkeiten, die eine ständige Gratwanderung zwischen Fortschritt und Zerstörung beinhalten. Masken begegnen uns auch hier wieder im Kontext der Angst, als Ausdruck von Bedrohung – das umfassendste Lebensgefühl auch unserer Gesellschaft.

Kriegsmasken

Bei den Naturvölkern fand und findet die Maskierung bei Kriegshandlungen Verwendung, und zwar ganz im Zeichen magischen Denkens. Zum einen will man mit den vorherigen Maskentänzen Schutzkräfte der Geister oder Ahnen aktivieren – auch indem man ihre Masken im Kampfe mitführt –, zum anderen dienen diese Tänze als Einstimmungsritual für die bevorstehenden Kämpfe. Sie nehmen die damit verbundenen Handlungen wie Heranschleichen, Nahkampf oder Speerwurf vorweg bis hin zum imaginären Siegestaumel und dienen damit sowohl der körperlichen als auch der seelischen Vorbereitung, denn durch das Erlebnis des Siegesrausches wird Angst schon im vorhinein überwunden.

Die Helmmasken der Antike waren ihrer Funktion nach sowohl Schreckens- als auch Materialschutzmasken. Z. B. wurden bei blutigen Waffenspielen in der römischen Arena Visierhelme mit geflochtenem Drahtgitter getragen. Bei einigen antiken Gesichtshelmen ist es jedoch bis heute unklar, ob sie nicht ausschließlich zu

Perikles mit antiker Kriegsmaske. Dieser Helm ist Bestandteil fast aller Abbilder des Perikles. Nach Plutarch benutzten die Bildhauer den Helm, um den anatomischen Makel eines übergroßen Kopfes zu kaschieren.

Repräsentationszwecken bei feierlichen Gelegenheiten oder als Grabbeigaben gedient haben, denn für den ernsthaften Kampf waren sie wegen der geringen Wandstärke des Metalls und auch wegen der starken Einengung des Gesichtsfeldes durch die Augenschlitze kaum geeignet, außerdem fanden die Archäologen keinerlei Hiebverletzungen, wie sie bei anderen Kampfutensilien vorhanden waren.

Der Ritterhelm des Mittelalters entwickelte sich vom einfachen Topfhelm zum durch Scharniere beweglichen Visierhelm. In der Hochrenaissance erfüllte die Kampfausrüstung, die nun auch die Maskierung des Pferdes mit einschloß, sowohl Schutz- als auch Repräsentationsfunktion, denn es gab reichhaltige Verzierungen durch Treibornamentik und Gold. In diesem Sinne sind sie wohl Vorläufer heutiger Generalsuniformen als Ausdurck der Macht.

Die Entwicklung der Schußwaffe macht diese Art von Schutzmasken, die nur auf Kräfte im menschlichen Rahmen eingerichtet waren, überflüssig und bringt diese Sorte der Kriegsmaskierung zum Verschwinden. Erst die technische und vor allem die chemische Kriegsführung des 20. Jahrhunderts bringt eine neue Form der Gesichtsmaske hervor: die Gasmaske mit Sauerstoffpatrone und Gasfilter vor dem Mund, eine Umhüllung des Kopfes aus Leder und Metall, aus der an Stelle des Mundes ein Rüsselschlauch hängt. Von der äußeren Erscheinung her wirkt diese Art der Maskierung nicht minder grotesk und erschreckend als die Kriegsmasken der Primitiven, auch wenn sich das Aussehen der Gasmaske aus rein zweckrationalen Gesichtspunkten herleitet. Aber gerade ihr Assoziationsumraum ist es wohl, der ihre grauenerregende Wirkung verstärkt. Die Vorstellung, daß man ohne dieses Hilfsmittel nicht mehr – und auch mit ihm nur sehr bedingt (1) – lebensfähig sein könnte, macht in schockierender Weise alle Vernichtungsmöglichkeiten, die der Mensch inzwischen geschaffen hat, bewußt. Zum Zwecke dieses visuellen Schockerlebnisses kommt die entmenschlichte Erscheinung der Gasmaske in vielen Antikriegsbildern oder Antikriegsdemonstrationen zur Anwendung. Sie ist das Bild des drohenden Todes durch Giftgas, und diese Gefahr besteht nicht nur im Falle eines Krieges, sondern durch seine Lagerung in Depots oder durch Transportunfälle bereits jetzt (2). Als Symbol der Unmenschlichkeit des Krieges taucht die Gasmaske in den Bildern vieler Künstler des 20. Jahrhunderts auf, z. B. bei Otto Dix, Carl Hofer oder Petrus Alma.

Arbeitsmasken

Daß technische Entwicklungen zunehmend auch Gefahren mit sich bringen, spiegeln die verschiedenen Arten von Schutzmasken, die in der Folge vom Ingenieur nach funktionalen Gesichtspunkten konstruiert wurden. Z. B. schützt der Elektro-Schweißer-Helm gegen UV-Strahlen. Für Gießereiarbeiter gibt es Helme mit Hitze- und Blendschutz. Die Anwendung von Sandstrahlgebläsen zum Reinigen oder Mattieren von Oberflächen macht einen Gesichts- und Körperschutz mit Frischluftzufuhr notwendig, die Spritztechnik von Farben Atemschutzmasken. Die Verarbeitung von Asbest führte zur Konstruktion eines Gesichtsschutzes mit Staubfilter etc. Bei allen diesen Masken geht es in erster Linie darum, Gefahren

Chef-Kardiologe Dr. De-Bakey, Houston, Texas

für die Gesundheit abzuwenden. In doppelter Weise gilt dies auch für den Mund-Nasen-Schutz von Ärzten, beispielsweise bei Chirurgen oder Zahnärzten: Sie bilden einen Keimschutz sowohl für den Patienten als auch für den Arzt.

Maskenartige Konstruktionen im Bereich der Arbeit haben jedoch nicht nur immer Schutz-, sonder oft auch prothetische Funktion, z. B. Lupenbrillen allgemeiner Art oder solche zur Augenspiegelung. Hier hilft eine komplizierte Technik, die Fähigkeiten des Menschen zu erweitern. Beide Eigenschaften – Schutz und Prothese – vereinigen sich beim Taucherhelm und beim Astronautenanzug. Sie schützen vor atmosphärischen Veränderungen, denen der Mensch ohne sie keinesfalls gewachsen wäre, und ermöglichen damit zugleich den Vorstoß in unbekannte Areale der Unterwasserwelt oder kosmischer Räume (Farbabb. 44).

Eine sehr neuartige Form der Schutzmaskierung ist die gegen radioaktive Strahlung, wie sie bisher bei lokal begrenzten Unfällen in Atommeilern zur Anwendung kam. Hier reichte ihr Schutz wohl aus. Jedoch bezieht auch sie wie die Gasmaske ihre unheimliche Ausstrahlung aus der gedanklichen Assoziation ungeheurer Vernichtungskraft dieser Energie und der menschlichen Hilflosigkeit im atomaren Ernstfall.

Im Vergleich zu den bisher betrachteten Schutzmaskierungen erscheinen die des Sports zunächst relativ harmlos, handelt es sich doch um die Abwehr von Kräften, die sich in menschlichem bzw. natürlichem Rahmen bewegen und nicht – außer bei Motorrad- oder Autorennen – durch Technik potenziert sind (Farbabb. 45).

Sicher, auch beim Skifahren oder Bobschlittenfahren werden inzwischen durch Verbesserung des Materials Tempi erreicht, die im Falle eines Unfalls lebensbedrohlich sind. So zeugt das Tragen von Schutzmasken durchaus von der zunehmenden Selbstgefährdung des Menschen durch Vervollkommnung technischer Möglichkeiten. So macht überhaupt der Umgang mit Geschwindigkeit, sei es im Rahmen des Sports oder allgemein des Verkehrs, wo im immer rasanteren Vorwärts neue Höchstleistungen vollbracht werden, den Gebrauch von Schutzmasken vom Motorradhelm bis zum Piloten- oder Fallschirmspringerhelm erforderlich.

Neben diesem Schutz vor physikalischen Kräften stehen die Maskierungen der Kampfsportarten. Beim Fechten geht es – trotz Drahtvergitterungen – nur noch um die symbolische Tötung des Gegners, auch wenn ernsthafte Unfälle nicht ausgeschlossen sind. Es geht mehr um ein stark ritualisiertes, nobles Kampfspiel, in dem es mehr auf Geschicklichkeit als auf Kraft ankommt.

Anders dagegen beim Football- oder Eishockeyspiel, die beide eine monströse Art von Maskierung hervorgebracht haben. Diese ist notwendig geworden durch die Aggressivität im Mann-gegen-Mann-Spiel, die hier mehr oder weniger erlaubt, auf jeden Fall an der Tagesordnung ist. Die Maskierung besteht aus dicken Auspolsterungen gefährdeter Körperstellen, dazu ein Helm, der das Individuum unkenntlich macht und es größer und kraftvoller erscheinen läßt. Sicher ist diese Ausstattung zunächst eine Reaktion auf die Gepflogenheiten dieser Sportarten, es ist jedoch leicht vorstellbar, daß gerade die Vortäuschung von Größe und Kraft, verbunden mit Entindividualisierung und Anonymität in der Masse, die Aggressivität des einzelnen und der Gruppe steigert. Die Perfektionierung dieser Art von Sportmaskierung deutet auf jeden Fall auf eine zunehmende Gewalttätigkeit.

ugendliche BMX-Stars

merican Football: die »Houston Oilers« in Aktion

Die Entmenschlichung durch die Maske begegnet uns hier in neuem Kontext: Die Beseitigung individueller Verantwortung in der Anonymität der Maske schwemmt die dünne Decke von hemmendem Altruismus hinweg und bringt das »Tierhafte« wiederum zum Vorschein. Diesen Mechanismus hat Dietmar Ullrich in seiner Plastik ›American Football‹ von 1973 exemplarisch verdeutlicht. Die Gesichtsmaske des Torhüters trägt eindeutig affenhafte Züge, durch die das Grauen und die Angst des halbverborgenen menschlichen Gesichtes hindurchleuchten und mit der Maske zur erschreckenden Fratze von Bedrohung und Gewalt gerinnen.

Vermummungen

Vermummungen des Kopfes haben fast immer den Geruch von Illegalität und Verbrechen an sich. Dafür steht als Prototyp der Bankräuber mit Pudelmütze und Sehschlitzen oder ähnlichem, der verständlicherweise bei seinem Tun nicht erkannt werden möchte. Wie tief diese assoziative Verknüpfung im allgemeinen Bewußtsein verankert ist, belegt das Erlebnis eines ehemaligen israelischen Panzersoldaten, der sich während des Libanon-Krieges schwere Verbrennungen im Gesicht zugezogen hatte und deshalb auch noch nach seiner Entlassung eine medizinische Maske als Schutz vor Infektionen tragen mußte. Es passierte ihm mehrfach, als Terrorist verdächtigt und festgenommen zu werden, bis er schließlich im Fernsehen öffentlich erklärte, daß er kein Terrorist sei.

Diese Verhaftungen sind verständlich, denn Vermummung hat im wesentlichen den Zweck, vor Identifizierung zu schützen, und dies hat in der Regel derjenige besonders nötig, der Verstöße gegen die Rechtsordnung plant oder ausführt. So gingen Bilder von vermummten Tierschützern durch die Presse, die Hunde befreiten, welche zu Versuchszwecken eingesperrt waren. Die Aktion brauchte einerseits die Öffentlichkeit, um breite Wirkung zu erzielen, andererseits scheute man individuelle gerichtliche Konsequenzen, denn hier wurde offensichtlich gegen Eigentums-

Rechtsradikale Separatisten der verbotenen »Nationalen Befreiungsfront Korsika« bei einer Pressekonferenz

recht, wenn auch nicht unbedingt gegen moralisches Recht verstoßen. So war die Vermummung ein geeigneter Weg, beide Ziele zu kombinieren.

Ähnliche Zwecke verfolgte ein Polizeiinformant während eines Prozesses um Kreditkartenbetrug in den USA. Vermummt mit schwarzer Kapuze und schwarzem Cape sagte er als anonymer Zeuge vor dem Untersuchungsausschuß aus. Einerseits galt seine Verkleidung der eigenen Sicherheit, denn er fürchtete die Rache ehemaliger Kumpane, andererseits erhöhte sie die Publicity-Trächtigkeit seines Auftritts, denn Maskierung macht geheimnisvoll und erheischt damit automatisch Aufmerksamkeit.

Bei rechtsradikalen Verbänden kommt es häufig zu spezifischen Formen der Maskierung. Der spitze Hut des Ku-Klux-Klan ist wohl der Prototyp dieser Sparte. Auch hier wird zum einen der Schutz vor Identifizierung gesucht, denn die rassistischen Gewaltaktionen des Klans stehen außerhalb jeder Legalität. Auch spanische Falangisten, die durch Maskierung unerkannt bleiben möchten, sind wegen ihrer Brutalität gefürchtet. Dazu kommt jedoch noch eine weitere Funktion der Maskierung dieser Geheimbünde, die in ihrer Feme-Funktion Abkömmlinge primitiver Geheimbünde zu sein scheinen. Die Maske ist zugleich Zeichen der Zugehörigkeit, der Eingliederung des einzelnen und der Unterwerfung unter die gemeinsame Sache. Die einheitlich spitze Form der Ku-Klux-Klan-Hüte, die kurioserweise den Duk-Duk-Geheimbünden Melanesiens abgeguckt worden zu sein scheint, stärkt sicherlich das Gemeinschaftsgefühl bzw. die Gruppenidentität, hinter der der einzelne verschwindet. Die Auflösung individueller Verantwortung in der Masse, wie es hier die Folge ist, verbunden mit der Betonung der Wichtigkeit der gemeinsamen Sache, deren Zweck die Mittel heiligt, macht die Durchführung grausamer Akte in entscheidendem Maße erst möglich.

Ein gegenwärtig aktuelles Diskussionsthema ist das Vermummungsverbot für Demonstranten. Angesichts gefürchteter Auseinandersetzungen wegen der Stationierung neuer Waffensysteme stellen Politiker Überlegungen in dieser Richtung an, um Ausschreitungen zu vermeiden bzw. durch die Polizei beherrschbar zu machen.

Fragt man nach dem Motiv für die Demonstrationsvermummung, so scheint dies für viele Befürworter ihres Verbots klar zu sein: Im Schutz vor Identifizierung sollen Gewalttaten gegen Staat und Ordnung verübt werden. Doch der Sachverhalt ist schwieriger. Was ist zum Beispiel mit denjenigen, die die Demonstration als Straßenbühne benutzen, indem sie politische Inhalte visuell durch Darstellungsmasken verdeutlichen wollen? Mitglieder der Umwelt-Organisation ›Greenpeace‹ traten anläßlich der Antarktis-Konferenz 1983 in Bonn als Pinguine verkleidet auf, um für die Erhaltung der natürlichen Gegebenheiten des Südpol-Kontinents einzutreten. Protestler gegen die Volkszählung demonstrierten mit einem Pappkarton über dem Kopf, auf dem an der Stelle der Stirn ein für Computer lesbarer Zeichenkomplex angebracht war, um der Angst vor Gleichmachung und Durchleuchtung Ausdruck zu geben. Antiatom-Demonstranten traten im Strahlenschutzanzug

4 Schutzmasken: Weltraumfahrt (Ausstellungstafel im LBJ Space Center, Houston) . . .

5 . . . und Motorsport (Niki Lauda)

46–49 Vier Schminkgesichter eines Modells, Ateliergemeinschaft »Die Maske«, Köln

Maskierung als Werbegag, Entwurf für eine Schmuckwerbung, Ateliergemeinschaft »Die Maske«, Köln

51

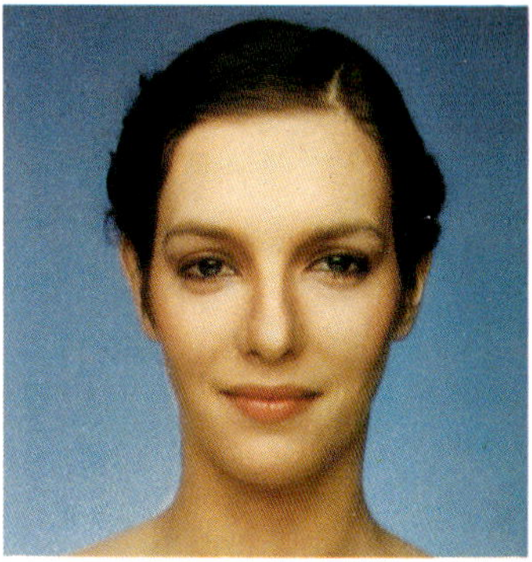

52

53

54

51–56 Kreation eines Typs (Mannequin, Zustandsbilder des Veränderungsprozesses)

57/58 Modefotografie: Stereotypen des Weiblichen und Männlichen. Ateliergemeinschaft »Die Maske«, Köln

–61 Punks in London

»Sic Boys«, London

und Totenkopfmaske auf, um die Menschen durch visuellen Schock aufmerksam zu machen. 1966 gestaltete das ›Bread and Puppet Theatre‹ eine Anti-Vietnamkriegs-Demonstration in New York zur eindrucksvollen Kunstaktion um.

In derartigen Fällen würde das Verbot spontane künstlerische oder individuelle Aktionen treffen, was zweifellos ein massiver Eingriff in die Freiheit von persönlichen Ausdrucksformen wäre. In diesem Lichte erscheint das Vermummungsverbot wie eine Reminiszenz an obrigkeitsstaatliche Zeiten, als man sich aus politischen Gründen vor den Karnevalsmasken fürchtete.

Doch ist nach all dem, was über den Entmenschlichungseffekt der Maskierung schon im Bereich des Sports gesagt wurde, das Vermummungsverbot nicht doch das geeignete Mittel zur Einschränkung von Aggression und Gewalt? Gelten die Mechanismen der anonymisierenden Maskierung bei rechtsradikalen Verbänden nicht ebenso für vermummte Demonstranten?

Viele von ihnen werden als Motiv für ihre Maskierung, das Tragen eines Motorradhelms oder ähnlichem, die Furcht vor gewalttätiger Ausschreitung der Polizei angeben. Überschießende Reaktionen von dieser Seite können nicht geleugnet werden, da Ärzte die Folgen bestätigen. Dies ist ganz leicht vorstellbar, denn die Polizisten mit Helm, Uniform und Schutzschild sind mit dieser Gleichartigkeit von Maskierung genauso gefährdet, dem Vermassungseffekt der zunehmenden Brutalisierung anheimzufallen – wie jeder Maskierte, der in Massen auftritt. Vielleicht wäre es deshalb eine Lösung, die Vermummung auf beiden Seiten zu unterbinden. Sowohl Bürger als auch Ordnungshüter könnten sich als Individuen gegenübertreten. Nur so könnte die Angst im Gesicht des Gegners überhaupt wahrgenommen werden, so daß über den psychischen Mechanismus der Identifikation humane Reaktionen wieder möglich würden. Einseitige Demaskierung hieße allerdings, das Schwergewicht der Macht zugunsten des Staates und seiner Hüter zu verschieben.

◁ 63 Selbstdarstellungen im Kontrast (Foto aus dem Kontext einer Werbekampagne »Berlin tut gut«)

Demonstration in Köln

Masken der Selbstdarstellung

Ein Arzt im weißen Kittel, eine perfekt geschminkte Frau um die 40 im eleganten Kostüm – Maskierte?

Maskierung verwandelt oder verbirgt. Sind diese höchst normalen Erscheinungsbilder des Alltags, die Kleidung des Berufs, der Repräsentation dann nicht eher Ausdruck des Selbst – Beschreibung, Kenntlichmachung von spezifischer Identität – Enthüllung, aber nicht Verhüllung? – Diese Fragen bedürfen der besonderen Klärung.

Maske in bezug zu Identität und Selbst

»Identität, was immer sie sonst sein mag, ist verbunden mit den schicksalhaften Einstellungen seiner selbst – durch sich selbst und durch andere. Jeder präsentiert sich anderen und sich selbst und sieht sich in den Spiegeln ihrer Urteile: Die Masken, die er der Welt und seinen Bürgern zeigt, sind nach seinen Antizipationen ihrer Urteile geformt. Auch die anderen präsentieren sich; sie tragen ihre eigenen Masken und werden ihrerseits eingeschätzt.« (Anselm Strauss)

Vielleicht kann die Schilderung einer persönlichen Erfahrung diese theoretische These mit Inhalt füllen und gleichzeitig das Problem erhellen.

Wenn ich morgens meinen Kleiderschrank öffne, um etwas Geeignetes für ein wichtiges Vorstellungsgespräch herauszusuchen, versuche ich mir ein Bild von den Erwartungen meines unbekannten Gegenübers zu machen. Dabei spielt zunächst das Geschlecht eine Rolle. Wäre es eine ältere Frau, würde ich gemäß meiner familiären Prägung mein Erscheinungsbild dem einer braven Tochter oder jüngeren Schwester anpassen, indem ich ein schlichtes Kleid wähle, das mögliche sexuelle Konkurrenzgefühle vermeidet.

Handelt es sich um einen Mann, muß ich weiterführende Überlegungen anstellen. Eine knallrote Hose erscheint mir auf jeden Fall ungeeignet, auch wenn in meinem künstlerisch geprägten Beruf ein etwas »ausgeflippter Touch« durchaus tolerierbar wäre, vielleicht sogar erwartet würde. Jedoch möchte ich das Risiko vermeiden, von vornherein das Mißfallen des über mich Entscheidungsbefugten zu erregen, der ja immerhin eine sehr konservative Einstellung haben könnte.

Auf der anderen Seite kann ich mir, gemessen an dem skizzierten Erwartungshorizont des Berufsbildes, auch kein zu biederes Aussehen leisten. Aber auch der Eindruck von Lässigkeit darf nicht übertrieben werden, denn immerhin erwartet man von mir mit Sicherheit Pünktlichkeit und korrekte Arbeit, also übergehe ich alle meine gewohnten Freizeitbekleidungen. Weiblich-aufreizend darf es auch nicht sein, also keine roten Stöckelschuhe, sonst könnte man noch auf den Gedanken kommen, ich wolle damit Mängel fachlichen Könnens kaschieren. Andererseits darf er von meiner Erscheinung auch »als Mann« ruhig angenehm berührt sein, jedoch dürfen sich erotische Dimensionen nur sehr unterschwellig ausdrücken. Als Ergebnis all dieser komplizierten Überlegungen hinsichtlich der Erwartungen meines potentiellen Vorgesetzten entscheide ich mich für eine Mischung von Eleganz und Sportlichkeit mit einem Hauch Verwegenheit: ein figurbetonendes Kostüm mit angemessener Rocklänge, halbhohe Stiefeletten und ein stark gemustertes Seidentuch. Als Vollendung dieses Kompromisses lege ich ein dezentes Make-up auf und übe vor dem Spiegel ein anziehendes Lächeln.

Natürlich ist diese Erscheinung ein Ausdruck meiner selbst. Berücksichtigt man jedoch, wie viele Kleidungsstücke ich als unpassend beiseite ließ, wird klar, daß hier nur ein ganz gewisser Teil von mir repräsentiert wird, hinter dem andere Bereiche meiner Persönlichkeit verschwinden, ja sogar bewußt verborgen werden, um den Erwartungen meiner Umwelt gerecht zu werden.

Demnach handelt es sich bei jeglicher Art der Selbstdarstellung eben doch um Maskierung: Die äußere Erscheinung gibt immer nur einen Teilbereich des eigenen Selbstbildes wieder, sorgfältig abgestimmt auf die jeweilige Situation und alle anderen Seinsmöglichkeiten ausschließend, sowohl diejenigen, die mir bewußt sind, als auch jene Bereiche meines Selbst, von denen ich noch nichts weiß. Jenes »potentielle Ich« – wie Anselm Strauss es nennt – kann plötzlich durch Zufall in unerwarteten Situationen erscheinen oder im experimentellen Rollenspiel, vielleicht unter der Maske, bewußt gesucht und ausfindig gemacht werden.

Den Dualismus der Maske beschreibt auch Anneliese Schröder (im Katalog zur Maskenausstellung Recklinghausen 1983): »Maske ist das, was sie darstellt und zugleich das, was sie verbirgt, d. h. absichtlich nicht darstellt.« (3)

Mit anderen Worten: Maske als Selbstdarstellung bedeutet zugleich auch immer Selbstverleugnung, und genau hier liegt ihre Maskierungsfunktion.

Das Selbst als Umschreibung individueller Persönlichkeit ist vielleicht einer Orgel mit vielen Registern vergleichbar. Die Anzahl der Register und damit die grundsätzlichen Klangmöglichkeiten sind beim Bau der Orgel bereits festgelegt, genau wie dem Menschen in seinen Entfaltungsmöglichkeiten durch seine Anlagen Grenzen gesetzt sind (4). Der Orgelspieler – bzw. das Ich als Entscheidungsinstanz des Individuums – entscheidet darüber, welche Register gezogen werden sollen bzw. welche Eigenschaften als Bestandteil seiner Identität der Umwelt präsentiert werden sollen. Die Beherrschung der Register würde perfekt angepaßter Selbstdarstellung entsprechen aus einem sicheren Gefühl eigener Identität, die Entdeckung neuer Klangmöglichkeiten wäre eine

Umschreibung für die Entwicklung bzw. Erweiterung eigener Identität.

In diesem Rahmen gibt es eine Vielfalt individueller Entscheidungsmöglichkeiten. Jemand kann – um im Bilde zu bleiben – sehr flexibel immer wieder neue Register ziehen, immer neue Bereiche seines Selbst ausleuchten und diese in seine Identität integrieren, er bedient sich einer Vielzahl von Ausdrucksmöglichkeiten, von Spiel- und Handlungsmöglichkeiten, begibt sich in immer neue Situationen und paßt sich ihnen an – wie ein Schauspieler, der in immer wechselnden Rollen neue Masken auf- und absetzt, in absoluter Beweglichkeit das weite Spektrum seiner Identität auslebt. So würde die Quantität der Masken, die jemand beherrscht, dem Maß an Selbstverwirklichung entsprechen, das ihm gelingt.

Ein Gedankenspiel: Je flexibler und anpassungsfähiger, je fließender die Übergänge im Verhalten und äußerer Erscheinung – je schneller also der Maskenwechsel vonstatten ginge, desto weniger wäre Maske als solche existent. Auch wenn es diesen Prozeß der Beschleunigung realiter nicht gibt, so lenkt uns diese Überlegung doch auf ein wesentliches Charakteristikum der Maske, welches auch in diesem Bereich Gültigkeit hat: Die Maske ist starr und unbeweglich. So trägt jener im Alltag am ehesten eine Maske, der immer wieder dieselben Register seines Selbst zieht und den Rest individueller Klangmöglichkeiten verkümmern läßt. Je mehr die Registerwahl eingeschränkt wird, desto mehr wird das Verhalten marionettenhaft, desto mehr gerinnt die äußere Erscheinung zur Maske – letztlich sogar das Gesicht. Die vorherrschenden Charakterzüge, wenn stets dieselben hervorgekehrt werden, pflegen sich mit zunehmendem Alter in einem Gesicht einzugraben und lassen es zur physiognomischen Maske erstarren.

In diesen Zusammenhang paßt ein Zitat von Christa Wolf: »Und fragst dich nie, wohin alles das gerät, was wir niemals tun können? Das ungelebte Leben?«

Maskierung als Interaktionsmittel

Interaktion als wechselseitige Kommunikation zwischen zwei oder mehreren Menschen kann sich auf verbalem oder nonverbalem

Wege vollziehen, wobei auf dem nichtsprachlichen Weg vorwiegend die Gefühle und Einstellungen zueinander – Sympathie oder Antipathie, Überlegenheit oder Unterlegenheit – übermittelt werden. Dies geschieht wiederum auf mehreren Ebenen: Mimik, Gestik, Körperhaltung und Faktoren der äußeren Erscheinung wie allgemeiner Phänotypus (Körperbau und Physiognomie), Kleidung, Haarfrisur, Make-up, Schmuck etc.

Das Gesicht ist zweifellos der wichtigste Kommunikationskanal der Gefühlsebene. Mit ihm Anteilnahme am Gegenüber auszudrücken ist die Voraussetzung zur Aufrechterhaltung von Kommunikation überhaupt. Entzieht sich jemand dieser mimischen Bestätigung durch Reaktionslosigkeit, wird sein Gegenüber diese maskenhafte Starre sehr bald als unangenehm empfinden und den Kontakt abbrechen.

Unter dem Aspekt der Alltagsmaskierung interessieren uns hier vor allem die Faktoren der äußeren Erscheinung. Sie ist der Ausdruck des Selbstbildes eines Individuums, der Ausdruck seiner Identität. Dieses Selbstbild wird mehr oder weniger bewußt gestaltet und in die Interaktion eingebracht, so daß das Gegenüber Informationen erhält, die die Kommunikation in entscheidendem Maße beeinflussen. Dabei kann die Selbstdarstellung eines Individuums einem bewußten Steuerungsakt entspringen, indem bestimmte Reaktionsformen der Umwelt intendiert werden, indem eine bestimmte Wahrnehmung der eigenen Persönlichkeit provoziert werden soll. Jedoch ist nicht garantiert, daß die Interpretationen der anderen mit den eigenen Intentionen übereinstimmen, denn Fremdwahrnehmung und -einschätzung ist abhängig von den Vorerfahrungen und Einstellungen dessen, der eine Person für sich interpretiert. Wie immer diese Interpretationsmuster auch beschaffen sein mögen, die Informationen, die er durch die äußere Erscheinung eines Menschen erhält, werden sein Verhalten ihm gegenüber bestimmen.

Vor einiger Zeit beschrieb ein Reporter einer großen deutschen Illustrierten seine Erfahrungen als Türke. Um am eigenen Leibe zu erleben, wie es ist, in der Bundesrepublik als Ausländer behandelt zu werden, legte er sich folgende Maskierung zu: Kleidung im Stil der frühen 70er Jahre – Hose mit Schlag, bunte Krawatte, Schlä-

Reporter Gerd Kromschröder in »Türken-Maskierung« . . .

germütze – und einen schwarzen Schnauzbart. Wie zu erwarten, führten diese äußeren Merkmale überall zur Einstufung als Türke und damit zu schockierenden feindlichen Reaktionen der Umwelt: Anpöbeleien, schikanöse Behandlung in »besseren« Cafés bis hin zum Lokalverweis. Nach Aufdeckung der Maskerade durch Veröffentlichung wurde dieses Verhalten meist schlicht geleugnet. Interessanterweise machte der Reporter an sich die Feststellung, daß er durch seinen Aufzug nicht nur die mehr oder weniger erwarteten Reaktionen auslöste, sondern daß diese Behandlungsweise mit der Zeit auf ihn selbst zurückwirkte. Er fühlte sich wirklich als Türke und somit, extrem ausgedrückt, »wie der letzte Dreck«. Aufschriften auf Parkbänken »Ausländer raus« machten ihn persönlich betroffen. Das führte dazu, daß seine Verhaltensweisen gegenüber der Umwelt aggressiver wurden.

Das Beispiel deutet an, wie die Reaktionen der Wahrnehmenden das eigene Selbstbild beeinflussen. Nicht zuletzt wirkt hier die

Maskierung selbst in ihrer identifizierenden Kraft (5). Die negative Dimension der sich hier offenbarenden Vorurteile wird dabei so deutlich, daß man sie nicht weiter hervorheben muß (6).

Allerdings ist diese Einschätzung einer Person zunächst auf der Grundlage äußerer Merkmale auch notwendig. Die Alltagsmaskierung vermittelt Informationen über Geschlecht, Gruppenzugehörigkeit, Berufsrolle etc., die eine einigermaßen geregelte Interaktion im alltäglichen Umgang überhaupt erst gewährleisten. Einen Blinden wird man nicht unbedingt nach den schönsten Aussichtspunkten der Gegend fragen. Seine äußeren Kennzeichen machen angemessenes Verhalten möglich, indem man ihm beispielsweise über die Straße hilft. So wird Verwirrung, Unsicherheit und Peinlichkeit vermieden. Unter diesem Aspekt erfüllt z. B. auch die Trauerkleidung eine wichtige Funktion. Sie ist Indikator einer emotionalen Ausnahmesituation und legt einen rücksichtsvollen Umgang mit der so gekennzeichneten Person nahe. Die Verhüllung aller weiblichen Reize im Nonnengewand oder bei

... und die Erfahrung der Isolation in einem Frankfurter Ausflugslokal (Stern 42/82)

strenggläubigen Moslemfrauen gibt ebenfalls klare Interaktionsanweisungen.

Fassen wir zusammen: Alltagsmaskierung ist eine wichtige Konstante der Interaktion. Sie schafft einerseits sogenannte definierte Situationen – wie der Sozialpsychologe es nennt –, die erlernte Verhaltensmuster zur Anwendung kommen lassen, die Unsicherheiten ausschließen. Dabei ist die Gefahr falscher Vorurteile stets gegenwärtig. Alltagsmaskierungen determinieren das Verhalten des Wahrnehmenden und beeinflussen darüber hinaus das Gefühl der eigenen Identität und somit auch den eigenen Anteil an der Interaktion in gravierendem Maße.

Maskierung als Ausdruck gesellschaftlicher Rollen

Menschliche Interaktion ist dadurch gekennzeichnet, daß man als Träger gesellschaftlich definierter Rollen (Farbabb. 63) miteinander umgeht. Diese Rollen werden durch Alltagsmaskierungen nach außen sichtbar gemacht.

Gesellschaftliche Hierarchie und ihre Rollenbilder: Pantomime Samy Molcho vom »Chef . . .

. . . bis zum Lehrling«

Sogar im privaten Bereich ist dies zu beobachten. Auch manifestieren sich bei ein und derselben Person die unterschiedlichsten Rollen, die alle in ihr vereinigt sind und die sich auch hier in unterschiedlicher äußerer Erscheinung ausdrücken.

Nehmen wir z. B. eine berufstätige, verheiratete Frau mit Kindern. Morgens wird sie das Haus gemäß ihrer Berufsrolle – nehmen wir an, sie sei Bankangestellte – in gepflegter, dezenter Kleidung ordentlich frisiert verlassen. Kommt sie zurück, wird sie die Berufskleidung mit der Kittelschürze vertauschen, um ihrer Rolle als Hausfrau, Köchin, Putzfrau gerecht zu werden. Geht sie mit den Kindern auf den Spielplatz, wird sie als Mutter bzw. Kindergärtnerin Bewegungsfreiheit gewährende sportliche Hosen und bequeme Schuhe anziehen; in ihrer Rolle als Gärtnerin wird sie Arbeitshosen und Gummistiefel bevorzugen und schließlich abends in ihrer Rolle als Ehefrau und Geliebte ein Spitzennachthemd. Im Bereich des Privaten gibt es allerdings die größeren Variationsmöglichkeiten der Selbstdarstellung bzw. der eigenen Rollendefinition.

Der öffentliche Umgang von Menschen ist wesentlich stärker reglementiert. Hier dienen Alltagsmaskierungen dem geregelten, formellen Kommunikationsgeschehen, indem sie Rollen für die Außenwelt erkennbar machen und somit in erster Linie Statuszuweisungen ermöglichen. Um in diesen offiziellen Situationen Unsicherheiten zu vermeiden, sind hier die Rollen – auch in ihren äußeren Merkmalen – klar definiert. Es handelt sich vor allem bei den *Rollen des Berufs, der Repräsentation und der Macht* um Maskierungen, deren Faktoren gesellschaftlich festgelegt sind.

Am leichtesten läßt sich das im Bereich militärischer Macht nachweisen, wo durch Uniformen mit entsprechenden Rangabzeichen der jeweilige Status festgelegt ist und die Maske im Kontext starrster Reglementierung der Umgangsformen zu wirken hat. Sie verpflichtet zu ganz bestimmten formalistischen Handlungen, die der Bekundung von Unterordnung (Grüßen) oder von Befehlsgewalt (Abnehmen einer Parade) dienen, und insgesamt zu strammer Haltung als Ausdruck von Disziplin. In kaum sonst einem Bereich legt man so deutlich mit der Maskierung auch seine Rolle ab: Soldaten dürfen sich in Zivil viele Dinge erlauben, die in Uniform undenkbar wären. Daß diese strenge militärische Dressur Rückwirkungen auf individuelle Identität hat, ist leicht einsehbar. »Jemanden mit einem offiziellen Amt zu bekleiden, heißt, ihm die Möglichkeit bieten, so stark mit diesem Kleid zu verwachsen, daß er es nur ungern dem nächsten Kandidaten übergibt, weil er so viel von sich selbst hineingelegt hat« (Anselm Strauss, *Spiegel und Maske,* 1974). Auch beim gesellschaftlichen Rollenspiel besteht – wie für den Schauspieler – die Gefahr, durch völliges Verwachsen mit der Maske Identitätsverluste durch Einengung des Selbst zu erleiden.

Die Einheitlichkeit der Masken, die Uniformierung der Soldaten, erleichtert zudem den Befehlsgehorsam und somit die Ausübung der Macht eines fremden Willens. Sie ist Ausdruck der Ausschaltung individuellen Wollens, von Kritik oder Mitspracherecht. Die Maske erleichtert auch hier wieder unmenschliches Verhalten im Falle eines Krieges.

Ähnliche Strukturen, wenn auch in abgemilderter Form, finden sich bei der Polizei. Klaus Staeck greift diese Maskenfunktion in seiner Graphik ›Die Ordnung‹ von 1970 kritisch auf.

Monarchische Prunkgewänder waren und sind ebenfalls Ausdruck von Macht, als deren Insignien neben Zepter und Reichsapfel Krone und Purpurmantel klar definiert sind. Maskierung ist auch hier die symbolische Verkörperung eines Herrscherbegriffs (Farbabb. 63), deren Ausgestaltung die Folge eines einfachen Analogiedenkens ist. Dem, der die größte Macht innehat, gebührt die kostbarste Gewandung, denn Reichtum *ist* Macht.

Dieser einfache Zusammenhang wird ebenso in den teuren Maskierungen der Geld-Elite (Farbabb. 58) offensichtlich. Die aufwendige Fassade erleichtert den Glauben an die Legitimation dieser Machtbefugnis seitens der Untergebenen. Würde diese Fassade nicht existieren – d. h. würde der »gemeine Mensch« dahinter sichtbar wie im Märchen von des Kaisers neuen Kleidern –, dann gelänge die Infragestellung gesellschaftlicher Ordnungsprinzipien leichter. Der Untergebene ist sich der Bedeutung dieser Repräsentationsmasken als Demonstration von Macht sehr wohl bewußt, so daß ihre Wirkung immer auch eine angsteinflößende ist. Warum sonst gäbe es den Rat, sich bei unausweichlicher Konfrontation mit

»Die Grünen«: gegen politische Kleidungs- und Verhaltensnormen

Vorgesetzten vorzustellen, wie diese wohl in Unterhosen aussähen?

In einer Demokratie, heißt es, geht alle Macht vom Volke aus. Wie maskieren sich nun dessen parlamentarische Vertreter? Die Politiker kleiden sich hierzulande in geradezu auffälliger Weise einheitlich in Anzug, Schlips und Kragen. Unter ihnen fallen die Frauen, deren Kleidung flexibler ist, kaum ins Gewicht. Sollte diese Uniformierung vielleicht gerade der Ausdruck von Demokratie sein, ein positives Zeichen der Leugnung oligarchischer Macht? Zumindest die »neuen« Parlamentarier aus den Reihen der ›Grünen‹ scheinen diese These massiv in Frage zu stellen. Sie kommen betont hemdsärmelig in Jeans, Strickjacke oder lässigen Kleidern ins Parlament und rufen dadurch auf der Seite der gestandenen Politiker heftige Reaktionen hervor. Der Ruf nach einer offiziellen Kleiderordnung für den Bundestag wurde laut. Demnach muß es mit der offiziellen »Politiker-Maske« doch Gewichti-

Rockertreffen, Pismo Beach, Kalifornien

ges auf sich haben. Sie kann nicht einfach auf mangelnder Kreativität beruhen, wie sie von Kritikern aus dem Bereich der Mode öfter angeprangert wurde.

Vielleicht ist ihrem Bedeutungsgehalt am ehesten auf die Spur zu kommen, wenn man fragt, warum sie gegenwärtig durch Gegenbilder der ›Grünen‹, die hier geradezu als *Protestmaskierungen* fungieren, in Frage gestellt wird. Es ist wohl gerade die Verfestigung der Politikerrolle zum lebenslänglichen Beruf, welche sich in der äußeren, uniformierten Erscheinung widerzuspiegeln scheint, die von den ›Grünen‹ auch auf vielen anderen Ebenen bekämpft wird. Gerade in der Verfestigung der parlamentarischen Zusammensetzung, im mangelnden Austausch von Personen sehen sie die Gefahr der Entfernung vom Volk und kritisieren damit die Entwicklung des Parlaments zu einer heimlichen Herrscherschicht. So soll wohl der Politiker-Einheitsdreß in seiner die Macht leugnenden Funktion als verlogen entlarvt werden. Man wendet sich gegen die Fassade des Establishments, in dem man nur noch einen Teil des Volkes repräsentiert sieht. Man wendet sich gegen »verknöcherte bürgerliche Ordentlichkeit« mit dem visuellen Statement: »Wir sind anders.«

Auch die Hippies und Gammler der 60er Jahre benutzten diesen Mechanismus, um gegen die Gesellschaft zu revoltieren. Die Protestmaske war Abgrenzung gegen alle »über 30« und legte damit eine eigene Gruppenidentität, eigene Rollenzuweisungen fest.

Die *Berufskleidung des Richters* ist ebenfalls zugleich Machtrepräsentation. Nicht unbedingt die Macht der Person wird hier angezeigt, sondern die Macht der Gesellschaft, ihre Justizgewalt des Ausschlusses und der Strafe ist in der Richterrobe personifiziert. Wenn man so will, steht sie damit in der Tradition primitiver Geheimbundmasken, auch wenn der große Ahne dem abstrakten Prinzip gewichen ist. Die Ehrfurcht heischende Funktion der »Gerichtsmaske« ist für den Angeklagten nach wie vor vorhanden.

Alternativ-Zahnarzt Jim, ökologische Sunburst Gemeinde, Kalifornien

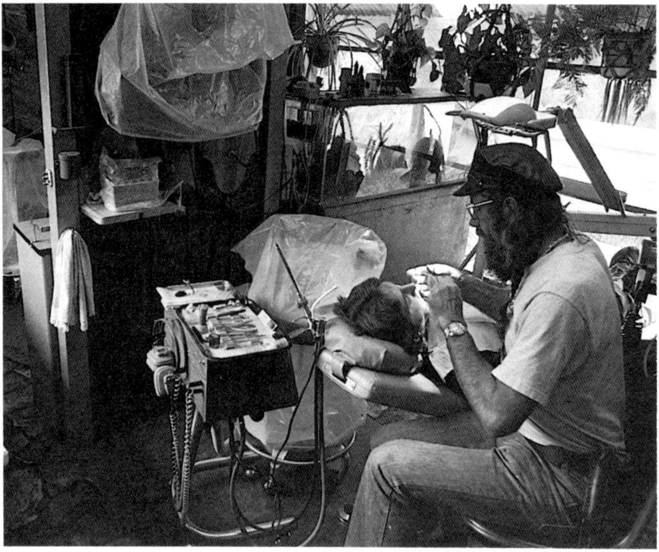

In diesen Kontext der Justiz gehört auch die Maske des Henkers früherer Jahrhunderte, der sich in ihr seiner individuellen Verantwortung entzog und zum bloßen Vollstreckungsorgan wurde.

Einige Berufsmaskierungen haben hingegen kaum mit Macht zu tun, sondern dienen in der Hauptsache als *Erkennungszeichen.* Das gilt für die handwerklichen Berufe des Schornsteinfegers oder Bäckers – wo noch am ehesten funktionale Gesichtspunkte ihre Aufmachung bestimmen – ebenso wie für die dienstleistenden Berufe des Kellners, Liftboys oder der Krankenschwester. Letzere bedeuten unter dem Aspekt von Macht eher eine Umkehrung: »Hier ist jemand, über den Sie verfügen können.«

Bei den weiß bekittelten *Ärzten* ist die Sachlage etwas komplizierter. Zunächst ist ihre Maskierung unter Gesichtspunkten der Hygiene funktional zu begründen. Darüber hinaus fungiert sie jedoch als Statuszuweisung im Arzt-Patient-Verhältnis. In wenigen Berufen hat jemand so unmittelbare Macht über Menschen, da es um die körperliche und seelische Gesundheit des einzelnen geht. Der Patient fühlt sich ausgeliefert und auf die Fähigkeiten des Arztes angewiesen. Der weiße Kittel wird zum Zeichen ärztlicher Kompetenz. Ich selbst begegnete einem Arzt, der dieses Statussymbol persönlich ablehnte, und bemerkte an mir selbst überraschenderweise Gefühle von Mißtrauen und Zweifel.

Auch der *Pfarrer* hat in unserer Gesellschaft eine fest definierte Berufskleidung. Er hat ebenso in gewisser Weise Macht über den einzelnen, sofern es um sein geistig-seelisches Wohl geht. Er kann Beichten abnehmen und entsprechende Bußen verhängen. Sowohl als Einzelperson im kommunalen Bereich als auch als Kirchenrepräsentant im Staat hat er ein gewichtiges Wort bei fast allen gesellschaftlichen Entscheidungsprozessen mitzureden. Auch die Kleidung des Papstes verkörpert in diesem Sinne seine übergeordnete Machtstellung.

Ein interessantes Phänomen findet man vorwiegend bei jüngeren Pfarrern, die sich weniger als Machtinstanz begreifen, sondern vielmehr als Helfende oder auch Gesellschaftskritiker. Zwar tragen sie in der Sonntagspredigt den offiziellen Talar, je vielfältiger jedoch ihre außergottesdienstlichen Aktivitäten sind, je differenzierter sie selbst ihre Rolle(n) in der Gesellschaft begreifen, desto

Lehrbild für »progressive Pfarrer«, Poster

mehr müssen sie über geeignete Selbstdarstellungsmaskierungen nachdenken. Dies spiegelt den Auflösungsprozeß einer starren Rollendefinition.

Viele Rollen in seine persönliche Identität zu integrieren, sie auszufüllen und darzustellen bedeutet einerseits eine Fülle von Erlebnismöglichkeiten, ist jedoch andererseits mit der Angst besetzt, sein Kontinuitätsgefühl zu verlieren. Es ist einfacher, sein Selbstbild eindeutig-eingeschränkt zu definieren und ihm eindeutig Ausdruck zu verleihen. Vielleicht ist das der Grund dafür, daß gerade Jugendliche, die sich vom Alter her sowieso auf der Suche nach Identität befinden, oft zu übersteigerten und damit eindeutigen Ausdrucksformen neigen. Gerade der Zustand von Selbstunsicherheit scheint es zu begünstigen, Zuflucht zu Gruppenidentitäten zu nehmen, die zugleich eine eindeutige Abgrenzung zum Erwachsenenstatus ermöglichen. Die in diesem Zusammenhang auffälligste Erscheinung der Gegenwart ist die des *Punk* (Farbabb. 59–62).

Wenn jemand in die Rolle des Punkers schlüpft, sind Aussehen und Verhalten klar umrissen. Wer sich zur Annahme dieser Identität entschließt, kann schon allein dadurch kaum wieder in die Rolle eines angepaßten, unauffälligen Jugendlichen zurück, weil die Maßnahmen, die er an seinem Äußeren vorgenommen hat, oft viel zu »einschneidend« sind, als daß sie auf die Schnelle wieder rückgängig zu machen wären. Abrasierte Haare, eines ihrer auffälligsten Kennzeichen, wachsen nicht so schnell wieder nach. Diese »vorläufige Endgültigkeit« mag ihm das Durchstehvermögen in seiner Rolle als Außenseiter in einer weitgehend verständnislosen Umwelt erleichtern, denn Rückhalt findet er fast ausschließlich in seiner Clique. Nur sie stärkt die Sicherheit seiner Identität des Anders-Seins.

Dieses Anders-sein-Wollen ist eine der Hauptmotivationen der Jugendbewegung des Punk überhaupt. Ausgehend von England, verbreitete sich diese ausgeprägte Schminkkultur in ganz Westeuropa. Gemessen an den hier gemeinhin verbreiteten Schönheitsidealen, frönen die Punks dem Kult des Häßlichen. In überraschender Weise greifen sie Maskierungselemente der Naturvölker auf, doch die Ähnlichkeiten sind nur an der Oberfläche vorhanden

Punk ...

... Punk ... ▷

(7). Punker färben sich ihre ausgefransten Haare bunt, soweit sie nicht abrasiert sind, bemalen ihre Gesichter mit grellen Farben oder bringen auch Tätowierungen an, schmücken sich mit Sicherheitsnadeln in der Wange oder in den Ohren, tragen Hundehalsbänder oder Eisenketten zu abgewetzter Kleidung. Der Assoziationsumraum dieser Details von Brutalität und Gewalt – auch gegen sich selbst – verstärkt das Schockerlebnis des Betrachters. Und eben darum geht es: Die Maximen des Punk heißen Auffälligkeit, Unangepaßtheit, Negierung aller Schönheits- und sonstigen Normen, visuell-aggressive Provokation.

»Ob ich mich schön finde? Schön ist doch langweilig. Aber ich bin anders. Ich bin nicht mehr der Arsch bei ›Woolworth‹, wo ich für 200 DM die Woche pappige Sandwiches mit Plastikkäse belegt habe, sondern ich bin jetzt ein Sänger und die Leute sprechen über

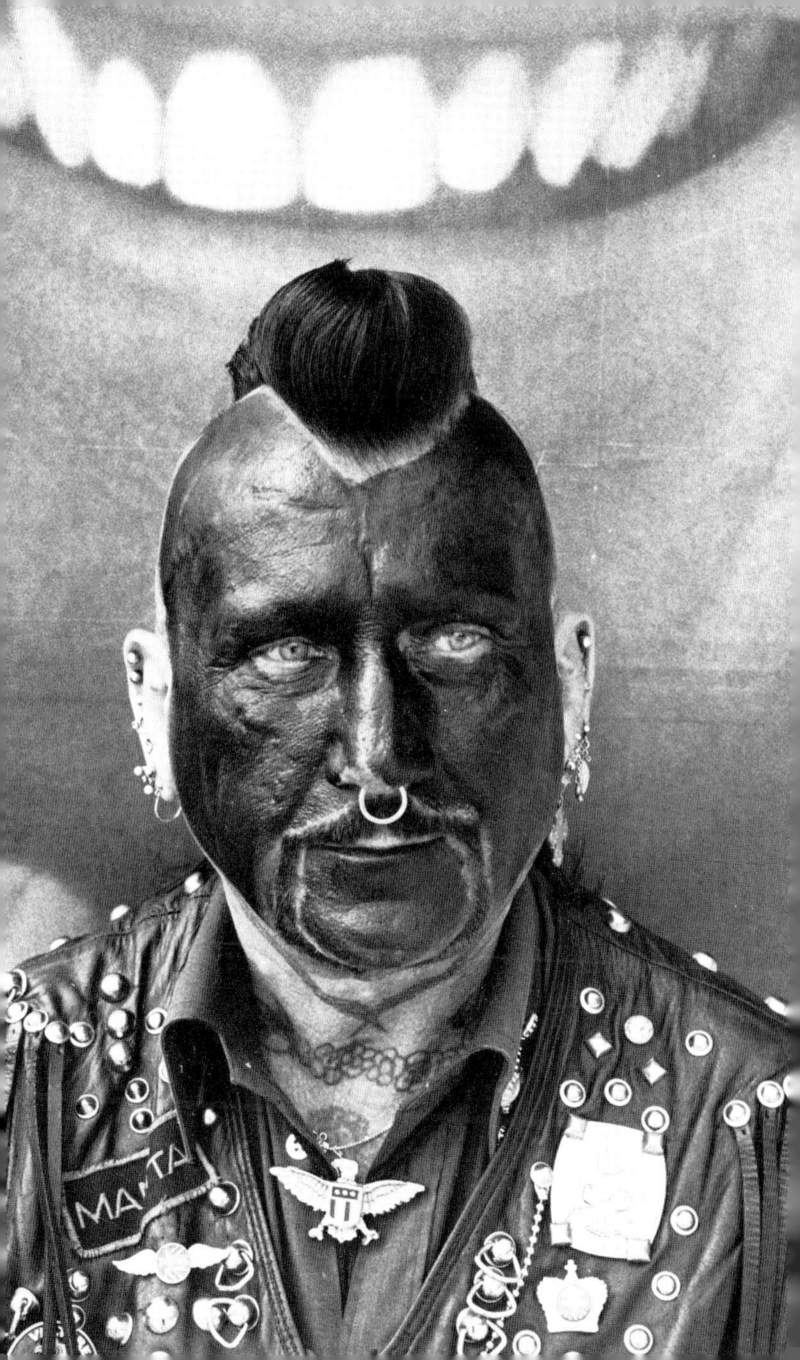

mich«, äußert ein Punker in einem Interview (Stern, 1980). Dies Zitat gibt einen Anhaltspunkt für den sozialen Hintergrund des Punk. Er entspringt einer Generation der ›no future‹, deren Angehörige entweder sehr schlecht bezahlte oder in den meisten Fällen gar keine Arbeit und nicht einmal die Aussicht darauf haben. Die hohe Arbeitslosigkeit in England hat dieses Phänomen hervorgebracht.

»Das Schlimmste ist die Langeweile ... Du wachst morgens auf und weißt, daß wieder nichts passieren wird. Du hast keinen Job, kein Geld, die Wohnung ist kalt, der Kühlschrank leer, und es gibt nichts, absolut nichts, was du tun kannst.« (Stern, 1981)

In diesem Kontext ist die aufwendige Gesichtsbemalung ein kreatives Mittel gegen die Langeweile und eine Flucht vor der Leere des Alltags. Außerdem kann der Arbeitsaufwand auch ökonomische Früchte tragen, denn Fotos von Punkern sind bei Londoner Touristen begehrt, und die Modelle lassen sich für die Ablichtung bezahlen.

Zugleich geht es darum, sich durch die Punk-Maskierung in seiner Außenseiter-Rolle für die Gesellschaft darzustellen. Die Gruppenidentität entsteht durch die Gegenkultur des Protests; ganz ähnlich ist dies bei Rockern mit ihrer spezifischen Kleidung und ihrem Gruppenverhalten als Provokation der Gesellschaft zu beobachten.

Punk ist Flucht vor der tristen, aussichtslosen Realität, ist Abfuhr von Aggression durch visuellen Schock und Herstellung einer neuen Realität der ›Freaks‹ und ›Ausgeflippten‹. Diese wird kenntlich gemacht durch eine exzessive Maskierung, wohl in der Hoffnung, dieser visuelle Aufschrei könne ihre Lage irgendwie verändern. Bis dahin macht sie die Maskierung zumindest erträglicher. Denn in einer Gesellschaft, die ihnen die herkömmlichen Rollen, die ein Selbstwertgefühl konstituieren könnten, verweigert, haben sie sich damit eine eigene geschaffen – mit dem Prestigewert des mutigen Andersseins.

Inzwischen sind viele Ideen des Punk, wenn auch in verwässerter Form, von der Modebranche, speziell in der Frisurenmode, aufgegriffen worden. Ein Hauch von Punk scheint fast jedem Jugendlichen gut anzustehen als Zeichen der Abgrenzung gegenüber der

. . . Punk . . .

und sein Gegenbild

Erwachsenenrolle. So entwickelte sich auch die Modewelle des *new romantic* aus der Bewegung des Punk. In der Wertschätzung der äußeren Erscheinung und vor allem teurer Kleidungsstücke ähneln sie dem Typ des *Popper*, ebenfalls eine Maskierung jugendlicher Gruppenidentität allein durch spezifische Frisur und elegante Kleidung. Die Anhänger des »new romantic« gehen in ihrer kreativen Verrücktheit weit über den Popper hinaus. Kleidung und Schminke erhält bei ihnen fast wieder etwas von der alten »Verzauberungsfunktion« der Maske: Man geht heute im Werther-Look, morgen als Robin Hood oder als Zauberer – und fühlt sich vielleicht auch so. Sekretärinnen kommen als Schneewittchen ins Büro und verteidigen ihre Aufmachung gegenüber Vorgesetzten, auch wenn es sie den Job kosten kann. Die Bewegung des »new romantic« nimmt die Idee des Punk auf, durch die Absage an althergebrachte Sehgewohnheiten zu schockieren, entwickelt sie weiter (oder zurück), veredelt sie und macht die Teilhabe an ihr vor allem teurer. Zahlreiche Boutiquen und Diskotheken greifen den Trend unter rein ökonomischen Aspekten auf. Sie spezialisieren sich auf die Leute, die die soziale Herkunft der Punker und deren aussichtslose Zukunft nicht teilen und sich demnach auch nicht mit deren Ästhetik der Häßlichkeit identifizieren können, aber trotzdem nicht auf die Möglichkeit verzichten wollen, durch auffällige Verkleidung ihren Alltag zu beleben. Die Angst vor Vermassung und Normierung mag sie dazu veranlassen, in Phantasiekostüme zu schlüpfen oder ungeniert Theaterrollenklischees zu übernehmen, um die Reaktion des Publikums auf ihr »Anderssein« zu genießen.

Ob Punk, ob »new romantic«: Diese Maskierungen sind in jedem Fall geeignet, ungewöhnliche Verhaltensweisen innerhalb festgefügter gesellschaftlicher Mechanismen zu erproben – eine Art Karneval als Lebensprinzip? Sie bedeuten eine Absage an die Resignation vor der Öde des alltäglichen Einerleis und sind somit auch als kreative Bereicherung visuellen Angebots durchaus positiv zu sehen. Wahrscheinlich sind beide Phänomene ein Reflex auf den zunehmenden Druck zu normierter Leistung und zu normiertem Rollenverhalten allgemein. Punk zeigt sich eindeutig als Indiz für zunehmende Existenzangst angesichts bedrohlicher Zukunftsaussichten. Die Rückbesinnung auf »primitive« Ausdrucksformen erscheint zudem als massive Absage an jegliche Art von Fortschrittsglauben aufgrund menschlicher Ratio.

Schon immer haben sich die Menschen, wenn die äußeren Lebensbedingungen schlecht bis unerträglich wurden, verstärkt in die Welt der Illusion geflüchtet. Man denke an den ausufernden Karneval Venedigs früherer Zeiten oder auch an die Funktion des Kinos während des zweiten Weltkrieges. Und auch heute schaffen sich die Jugendlichen eine Gegenwelt durch Verkleidung. Sie verbergen sich hinter der Maske des »ausgeflippten high-life«, was die Konfrontation mit realen Bedrohungen mildern hilft.

Beim Punk scheint das Phänomen ›Maskierung im Alltag‹ am offensichtlichsten faßbar zu sein. Im Grunde ist es jedoch nur ein Extremfall von Rollenmaskierung, deren eigentliche Funktion als Darstellung eines gesellschaftlichen Standortes immer gleichbleibt, ob Schneiderkostüm oder Punk-Tätowierung.

Wenden wir uns nach dieser Betrachtung jugendspezifischer Maskierungen den *Geschlechterrollen* zu, die ihrerseits besondere Maskierungen konstituieren.

Die Rollen von Mann und Frau sind zunächst durch die angeborenen Unterschiede des Zeugens bzw. Gebärens determiniert. Alle darüber hinausgehenden rollenspezifischen Merkmale sind im wesentlichen historisch gewachsen bzw. historischem Wandel unterworfen. In unserer Zeit ist diese Wandlungsmöglichkeit von Rollen-Bildern der Geschlechter besonders anschaulich zu beobachten.

Wo Männer noch Männer sind: Texas

Filmklischees: starker Held . . .

Will man die letzten Jahrhunderte auf eine Formel bringen, stellen sich die Worte Friedrich Schillers fast unwillkürlich ein: »Und drinnen waltet die züchtige Hausfrau . . . Der Mann muß hinaus ins feindliche Leben . . .« Hier wird überdeutlich, daß geschlechtsspezifische Rollenbilder abhängig sind von gesellschaftlicher Aufgabenverteilung, die in Schillers Sinne durch die Industrialisierung,

... und schwaches Weibchen

die Trennung von Heim und Arbeitsplatz forciert worden ist. Gerade diese Aufgabenverteilung verändert sich heute im Zeichen der Forderung nach Gleichberechtigung der Frau. Blieben für die Frau in der Vergangenheit schwerpunktmäßig die Rollen der Mutter, der Heiligen und der Hure – zahlreiche Kunstwerke künden von den dazugehörigen Maskierungen –, so war der Mann in erster

Linie ein Haudegen, sei es im offenen Kampf oder in der wirtschaftlichen Konkurrenz. Der »echte« Mann hatte stets Sieger zu sein, wollte er dem herrschenden Männlichkeitsideal entsprechen. In Abenteuerfilmen kehren seine Maskierungen immer wieder: Pirat, Bandit, Musketier, Western-Held bis zu modernen Variationen eines J. R. in ›Dallas‹. Gemessen an der Beliebtheit dieser typischen Männer-Idole der Filmindustrie ist es wohl noch nicht angebracht, davon in der Vergangenheitsform zu sprechen, denn im Bewußtsein breiter Bevölkerungsschichten kursiert dieses Männlichkeitsidol vom starken Helden nach wie vor. Die Maskierungen von Superman und seinen Kumpanen verkünden im Comic ungetrübt das Wunschbild der Omnipotenz.

Und doch wird der Umbruch, der durch die Frauenemanzipation ausgelöst wurde, auch beim Bild vom Mann spürbar. Die zunehmende Rollendiffusion der Geschlechter, die langsame Durchdringung und Mischung ihrer Tätigkeitsfelder zeitigt ihre Reflexe. Ein Mann mit Küchenschürze und Gummihandschuhen hat heute nichts Lächerliches mehr an sich.

Als Reaktion auf die Unzufriedenheit der Frauen mit der »undifferenzierten Rauhbeinigkeit« der Männer wagten es endlich viele, sich zu eigener Gefühlshaftigkeit zu bekennen: Der Typ des »Softy« erschien auf der gesellschaftlichen Bühne, ein männliches Wesen zartgliedrigen Körperbaus mit weichen Locken, der sich neben Seide und Spitze auch Kettchen und Ringe leisten durfte.

Überhaupt ist die Haarmode der letzten Jahre ein Indikator für Rollenveränderung. Die langhaarigen Männer der späten 60er Jahre waren eine Sensation. Vor allem die ältere Generation erregte sich über die Annahme dieses weiblichen »Geschlechts«-Merkmals. Als Parallele dazu galt der Kurzhaarschnitt für Frauen in konservativen Familien noch lange nach dem Zweiten Weltkrieg als Skandal. Schon die fortschrittlich gesinnten Frauen der 20er Jahre verwiesen durch ihre kurzgeschnittenen Haare zu kurzem Rock und Zigarettenspitze auf ihren Status der Emanzipiertheit. Heute haben sich die Wogen geglättet. Frauen wie Männer tragen kurzes oder langes Haar, mit oder ohne Dauerwelle. Ein Gewöhnungseffekt scheint mit der Veränderung gesellschaftlichen Bewußtseins einherzugehen. Lange Haare markieren heute eher eine bestimmte Art der Weltanschauung, und zwar geschlechterübergreifend. Bevorzugt tragen sie die sogenannten »Alternativen« als Zurschaustellung von Natürlichkeit. Die Männer tragen sie zu Bart und selbstgestricktem Schafwollpullover in Naturfarben, die Frauen zu ungeschminktem Gesicht und Baumwollkleid aus dem ›Indian Shop‹. Die Gleichheit ihrer Haartracht gilt wohl auch als Demonstration von Gleichberechtigung in der Beziehung.

Auch in bezug auf den Punk sollte man noch einmal hervorheben, daß dessen Schminkkultur geschlechterübergreifend ist. Die Tatsache, daß Männer »sich anmalen«, gehört mit zu ihrem allgemeinen Protest gegen die Gesellschaft und ihre Rollenklischees. Denn mag es auch den Anschein haben, daß sich schon viel am Bild der Frau verändert hat – *Schminken* (Farbabb. 51–56) gilt gemeinhin immer noch als ihr Privileg und hat als solches eine lange Tradition. In fast allen sogenannten Frauenzeitschriften nimmt die Schönheitspflege stets den breitesten Raum ein. Wenn man ihnen glaubt, so ist die Erhöhung oder Erhaltung sexueller Attraktivität nach wie vor eine der Hauptaufgaben der Frau. Auf breiter Front scheint sich hier noch nichts geändert zu haben, denn immer wieder wird der Frau die Notwendigkeit dieses Rollenverhaltens verdeutlicht – in Schönheitsbüchern oder in Fachzeitschriften.

»Und wer da nicht hineingreift in die riesengroße Schönheitszauberkiste mit Kosmetik- und Modetricks, der ist selbst schuld an seinem Mißerfolg! ... Denn nicht einmal das Alter schiebt dem Streben nach Schönheit einen Riegel vor. Die Fortschritte der Medizin, der Schönheitschirurgie, der Biotherapie haben das Hinauszögern des Alters ermöglicht.« (Prévot, *Schönheitsbrevier oder ABC der französischen Kosmetik*)

Olga Tschechowa empfiehlt: »Legen Sie dieses Buch bitte gleich auf Ihr Nachtkästchen, damit Sie es immer zur Hand haben und darin blättern können. So wie jeder Regisseur sich bemüht, aus seinen Darstellern gute Schauspieler zu machen, wünsche ich mir, daß Sie die Ratschläge meines Buches beherzigen und danach leben ... Ihre Hemmungen werden verschwinden, Selbstvertrauen und Sicherheit in der Öffentlichkeit und im Privatleben werden Sie zu einer unwiderstehlichen ›Frau ohne Alter‹ werden lassen ... Wir Frauen geben uns wirklich alle erdenkliche Mühe,

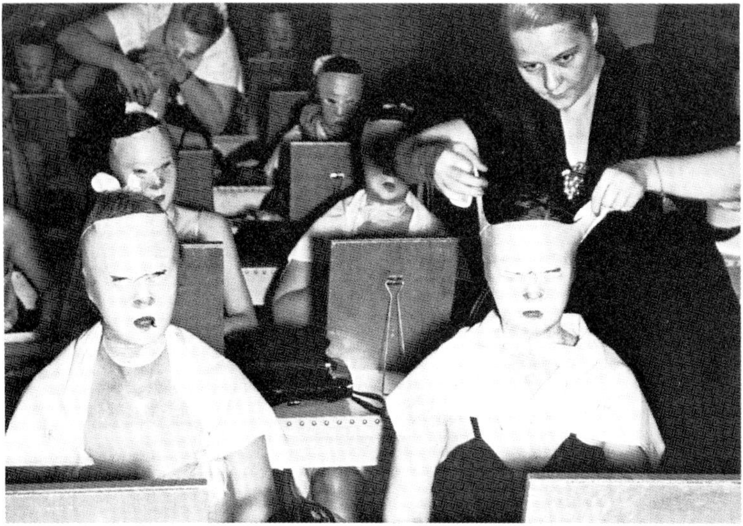

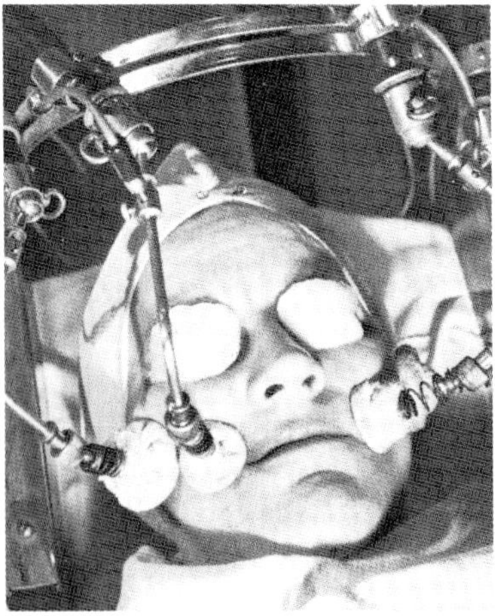

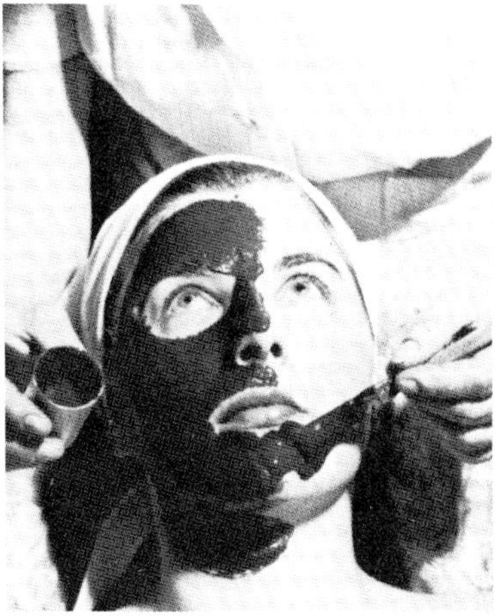

Schönheitskult: Gesichtsmasken und -massage in einer Schönheitsschule, USA das große Spiel unseres Lebens ›Ich bin, wie du mich wünschst‹ mit Vollendung und Virtuosität zu spielen.«

Diese Zitate stammen aus den frühen 70er Jahren und sprechen für sich. Aber auch in unserem Jahrzehnt hat sich am Tenor nicht viel geändert. Die ›Vogue‹ fordert auch heute: »Bleiben Sie jung!« und bietet einen Test an, mit dem man eigenes Fehlverhalten erkennen kann. Der größte Teil davon bezieht sich auf die Schönheitspflege und ist geeignet, der »Normal-Frau« zunächst einmal ein schlechtes Gewissen zu verschaffen, z. B. wenn sie mit über 30 nicht jeden Tag eine spezielle Augencreme verwendet. »Wie jung und attraktiv Sie sind, liegt allein in Ihrer Hand. Nutzen Sie deshalb die Testerfahrungen für Ihre Schönheit!« (Vogue) Befolgt man alle Anweisungen, die angeblich dazu notwendig sind, bleibt wohl kaum Zeit (und Geld) für andere Lebensinhalte. Die Frau bleibt festgelegt auf die Rolle der begehrenswerten Partnerin des Mannes – und das kann sie offensichtlich nur sein, wenn sie jung ist. Dieser Kult der Jugendlichkeit nimmt in seiner forcierten Verbreitung durch die Medien fast »terroristische« Ausmaße an. Jugendlichkeit ist der Mythos unserer Zeit und fordert regelrechte Rituale, die täglich vollzogen werden müssen, um Wirkung zu zeigen. Die Anwendung von Cremes, Bädern, Schönheitsmasken, Make-up-Auftragung und dessen fachgerechte Entfernung sollen die Maske der Alterslosigkeit herbeizaubern. Wenn diese Maßnahmen nicht mehr fruchten, bleibt noch der Ausweg des ›face-lifting‹. Der Schönheitschirurg formt die Maske am lebenden Material. Eine Maske ewiger Jugend (Farbabb. 57) soll die Realität des Alterns und damit im Endeffekt die des Todes verdrängen helfen. Hier scheint das Überspielen des Todes durch Masken bei den Naturvölkern anzuklingen – doch wie verschieden: dort die Integration des Todes in das gesellschaftliche Leben, hier Ableugnung und Vortäuschung als Zeichen allgemeiner großer Verunsicherung und Angst.

Das Streben nach jugendlichem Aussehen gilt natürlich auch für die Männer. Unter anderem findet das in der gegenwärtigen Fitneß-Welle seinen Ausdruck. Jedoch die Maskierung des »Schön-Schminkens« gilt immer noch als typisch weiblich, von Ausnahmesituationen für Fernsehen oder Foto einmal abgesehen. Wo Männer hauptsächlich »innere Qualitäten« oder spezielle Fertigkeiten in den gesellschaftlichen Konkurrenzkampf einbringen, scheint für die Frau das Merkmal sexueller Attraktivität und damit die Rolle der potentiellen Bett-Gespielin im Vordergrund zu stehen. Die neuesten Make-up-Modefarben, die neueste Mode – das sind immer noch die Hauptthemen der meisten der speziell für die Frau gemachten Zeitungen.

Vor diesem Hintergrund haben sich in letzter Zeit ganz neue Berufszweige entwickelt, besonders auch unter dem Aspekt medienwirksamer Präsentation in Fernsehen und Fotografie. Neben dem schon älteren Beruf der Kosmetikerin tritt der des Visagisten oder Make-up-Artisten zunehmend in den Vordergrund (Farbabb. 51–56).

Das Studio ›Die Maske‹ (Farbabb. 46–49, 57, 58) in Köln bietet z. B. neben Ausbildungslehrgängen auch den Kunden-Service der Frisuren- und Make-up-Beratung an, der sehr gefragt ist. Die Motive der Kundinnen liegen weniger im Wunsch nach Veränderung als vielmehr im Bestreben, frischer auszusehen und die ersten Fältchen zu verbergen, also jünger zu erscheinen dank richtiger Schminkmaske. Darüber hinaus geht es hier zweifelsohne auch um einen diffizilen Akt persönlicher Identitätssuche, wobei der Visagist Hilfestellung leistet: »Das Erfolgsgeheimnis liegt immer in der individuellen Einfühlung in Gesicht und Charakter des jeweiligen Modells ... Wie viele Kunden, die von einer Kosmetikerin geschminkt wurden, schminken sich zu Hause wieder ab! Diese Personen fühlen sich nicht mehr als sie selbst. Man hat ihre Persönlichkeit verändert ... Es gibt unter den Kundinnen viele Hausfrauen, die nicht extrem geschminkt sein wollen. Sie wollen nicht auffallen ... Bei einer sehr temperamentvollen Frau kann man ruhig einmal von der Skala der verhaltenen Töne abweichen und etwas tiefer ins Töpfchen greifen« (Bernd Bauer, Maskenbildner und Visagist).

Dieser Weg von persönlicher Identitätssuche und individueller Rollendefinition durch das Mittel der Schminkmaske kann, sofern er sich bewußt gestaltet, ein interessantes Instrument der Selbsterkenntnis sein – bei aller bisher geäußerten Kritik am Schönheitskult. Es geht mir jedoch in keiner Weise um eine Verurteilung des

Schminkens schlechthin, denn die Veränderung des eigenen Gesichtes durch Schminke ist ein sehr sinnliches, lustbetontes Erlebnis, so daß Verzicht Verlust bedeuten würde. Vielmehr möchte ich die Funktion des Schminkens für die Definition der weiblichen Rolle kritisch betrachten. Schönheit als Lebenszweck der Frau, das Nicht-Akzeptieren des Alterns und damit verbunden etwaige Erschütterung des Selbstwertgefühls bei Nichterfüllung der Norm, die Beschränkung dieser Anstrengungen für die Schönheit auf das weibliche Geschlecht, das alleinige Ausgerichtetsein auf den Mann durch die Wichtigkeit sexueller Attraktivität – dies alles ist der Bedeutungsraum weiblicher Schminkmaskierungen, die damit ein altüberkommenes Rollenverhalten anzeigen.

Unter diesem Aspekt haben sich durch die Frauenbewegung Gegenbilder des betonten Ungeschminktseins, der weitgehenden Verhüllung weiblicher Reize als Maskierung der Feministin entwickelt. Auch Frauen in Männerkleidung, sei es Berufskleidung oder Mode-Gag, entspringen einer Protesthaltung gegen das weibliche Rollenklischee. Letztlich präsentieren die muskulösen Frauen des »body-building« ihren eigenen Körper als Zeichen der Überwindung weiblicher Schwachheit.

Die Masken der Frau waren wohl noch nie so vielfältig wie gerade heute. Die gesellschaftliche Umbruchsituation vermischt die alten Rollenklischees mit einer Fülle von neuen Bildern.

Überblickt man noch einmal die Menge der Selbstdarstellungs-Maskierungen insgesamt, so präsentieren sie sich als ein Phänomen, dem sich *niemand* entziehen kann. Jeder prägt sie in seiner ganz persönlichen Weise entsprechend seinem eigenen Selbstbild, das sich unter den vielfältigsten gesellschaftlichen Einflüssen ständig wandelt und weiterentwickelt. Entwicklung und Wandlung persönlicher Identität ist ein Prozeß von Häutungen, eine ständige Variation der Maskierung.

5 Maske und Künstler der Moderne

Ein tiefes Gefühl von Menschlichkeit empfand ich vor zwei Negerskulpturen, die ich zum ersten Mal in meinem Leben sah zwischen Flaschen auf einem Wandbrett in einer Schenke.
Maurice de Vlaminck

Masken- und Fratzenhaftes findet man in der abendländischen Malerei auch in früheren Epochen, etwa bei Grünewald oder Goya. Ich möchte jedoch meine Betrachtung auf die moderne Kunst begrenzen, da sich hier gewissermaßen ein Kreis der übergeordneten Themenbereiche dieses Buches schließt, denn die Masken der Naturvölker, die uns zu Beginn beschäftigten, rücken mit Beginn der Moderne in das Blickfeld der nach neuen Wegen suchenden Künstler.

Naturvölker-Kunst und Moderne

In der zweiten Hälfte des 19. Jahrhunderts werden Kunstprodukte der Naturvölker verstärkt nach Europa importiert, z. B. aus den französischen Kolonien in Schwarz-Afrika in das Kunstzentrum Paris. Einerseits dienen sie als ethnologische Zeugnisse für Völkerkundemuseen, andererseits landen sie als Kuriositäten auf Trödelmärkten. Beides belegt, daß man zunächst weit davon entfernt war, ihnen Kunstcharakter zuzubilligen; denn das Interesse der Künstler richtete sich traditionsgemäß auf die möglichst perfekte Nachahmung der wahrnehmbaren Realität. Diesem Ideal entspricht Naturvölkerkunst natürlich nicht.

Erst die Wende vom Abbild zum Gebilde, d. h. die Abwendung vom Illusionismus und die Entdeckung der Eigengesetzlichkeiten künstlerisch-bildnerischer Mittel sowie ihrer Ausdrucksmöglichkeit von Innenwelt, was gemeinhin als Beginn der Moderne verstanden wird, macht das Verständis primitiver Formensprache möglich. Galten Masken und Statuetten von Naturvölkern zunächst allgemein als Beleg für die barbarische Brutalität dieser unzivilisierten Wilden, denen man sich aufgrund des eigenen hohen Kulturstandes weit überlegen fühlen durfte, so werden sie für den zivilisationsmüden, das bürgerliche Wertesystem des ausgehenden 19. Jahrhunderts infragestellenden Künstler zum Ausdruck einer Unmittelbarkeit von Leben, nach der man sich zurücksehnt. Man träumt davon, mit Hilfe der Kunst auf den »Urgrund allen Seins« zu stoßen. Kunst und Leben sollen miteinander in Einklang gebracht werden. Der Primitive erscheint in romantischer Verklärung dem Ursprung näher, als ein Wesen im Zustand völliger Harmonie zwischen Ich und Außenwelt. Und somit wird auch der Formensprache und den Gefühlsgehalten seiner Kunstprodukte eine immense Wertschätzung zuteil.

In der Person Paul Gauguins wird am anschaulichsten, wie diese Sehnsucht des »Zurück zur Natur« als künstlerisches Lebensmotiv wirksam war. Die Flucht aus der Zivilisation in das »Paradies« der Südsee war ihm die Aufgabe einer gesicherten gesellschaftlichen Stellung und das Verlassen seiner Familie wert, um dort dem »Geheimnis auf dem Grund der Dinge, der ursprünglichen Einheit von Ich und Welt« nachzuspüren.

Sein Leben steht beispielhaft für die Identitätskrise einer gesamten Künstlerschaft. Diese ist teils als kunstimmanente Reaktion auf einen sterilen Nachahmungs-Akademismus zu verstehen, teils als Widerspiegelung einer allgemeinen Bewußtseinskrise der Zeit, ausgelöst durch forcierte Technisierung und Industrialisierung und deren Entfremdungsmechanismen in der Beziehung ›Mensch – Natur‹. So machen sich die Künstler auf die Suche nach neuen Wegen im »Blick zurück«. Unter diesem Aspekt gerät die primitive Maskenkunst ins Blickfeld, die als Teilbereich eingebettet ist in die Entdeckung der Naturvölkerkunst überhaupt, nebengeordnet der Entdeckung z. B. etruskischer, iberischer Formensprache und der Volkskunst allgemein sowie des japanischen Holzschnitts.

Überall stößt man auf diese faszinierende Erscheinung der Deformation von Natur zugunsten einer eigengesetzlichen Bildspra-

Karl Schmidt-Rottluff, *Afrikanisches,* 1954, Öl auf Leinwand, 76 × 90 cm ▷

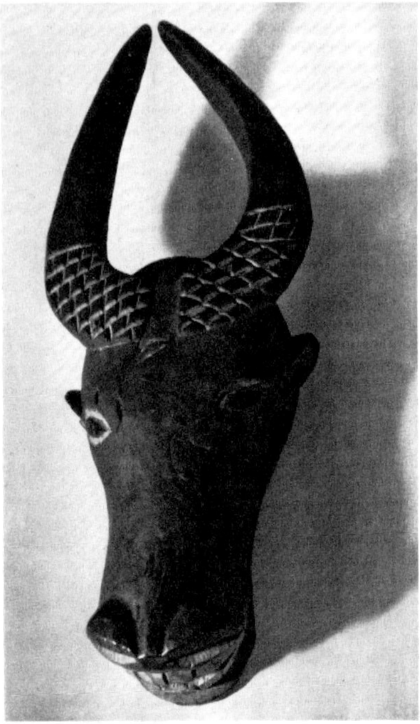

Büffelmaske, Grasland von Kamerun

che, auf Abstraktion und Expression zugunsten der Konzentration des Ausdrucks, die als Orientierungshilfen für eigenes Kunstwollen dienen können.

Im Rahmen eines krisenhaften Bewußtseinszustandes taucht hier wiederum das Phänomen der Maske auf: Einerseits richtet sich das künstlerische Interesse auf ihre »neue« *Formensprache,* auf der anderen Seite wird sie als *Bildmotiv* erneut zum Projektionsfeld eigener psychischer Zustände, von Ängsten und Bedrohungen. Man kann die Maske in diesem Zusammenhang oftmals als Symbol der Entfremdung zwischen Ich und Außenwelt betrachten, so daß sie gefiltert durch künstlerische Darstellung zum Ausdruck allgemeinen Zeitgefühls wird.

James Ensor

Der belgische Künstler *James Sidney Ensor* (1860–1949) gilt als *der* Maskenmaler schlechthin. Zwar eingebettet in seine Zeit und

von deren künstlerischen Strömungen wie z. B. der des Impressionismus nicht unberührt, ist sein Schaffen doch das eines großen Einzelgängers. In Ostende geboren, besuchte er nur kurzzeitig die Akademie in Brüssel, um darauf sein ganzes Leben lang an diesem Ort zu bleiben. Bereits mit 20 Jahren war er ein fertiges Malgenie, das mit höchster Sensibilität die Dinge und Menschen seiner Umwelt in ihrem Licht-, Farb- und Ausdruckscharakter darstellen konnte.

1883 findet sich ein erstes Bild, in dem das Motiv der Maske auftaucht: ›Empörte Masken‹ – zwei maskierte Personen betrachten sich gegenseitig. Als Objekte seiner Umgebung waren ihm Masken wohl seit frühester Kindheit vertraut, da seine Eltern einen Souvenirladen, angefüllt mit Kuriositäten, führten, in dem sich neben vielfältigen abstrusen Dingen eben auch Masken fan-

James Ensor, *Die Intrige*, 1890, Öl auf Leinwand, 90 × 150 cm

den. Außerdem brachten ihm die traditionellen flämischen Karnevalsumzüge, in deren Verkleidungsgetümmel er sich auch selber begeben hat, das Sujet der Maske nahe. Ensor verwendet dieses Motiv jedoch nicht aus dem Streben mehr oder weniger bewußt-intellektueller Infragestellung von Realität oder als Anregung zu

neuen formal-künstlerischen Problemlösungen, sondern das Bild der Maske drängt sich ihm von innen her auf.

In der Zeit von ca. 1885 bis 1891 wird die Maske zum bevorzugten Thema seiner Bilder. »Ich habe mich heiteren Sinnes in jene Einsamkeit verbannt, in der – ganz Gewalt, Licht und Pracht – die

Maske thront. Die Maske bedeutet mir Frische des Tons, überspitzter Ausdruck, prächtiger Dekor, große unvermutete Geste, ungehemmte Bewegung...«, so Ensor selbst (nach Paul Haesaerts).

Das klingt nach fröhlichem Sinnesrausch und kontrolliertem Ausdruckswollen. Jedoch angesichts der Ausstrahlung seiner Maskenbilder und deren Duktus erscheint diese Äußerung wie eine Verdrängung der gewalthaften Halluzinationen, von deren Überwältigung er sich im Malvorgang befreit.

Aus Andeutungen in der Literatur geht hervor, daß Ensor zur selben Zeit, in der Masken neben Dämonen und Skeletten plötzlich seine Bildwelt bevölkern, in eine Phase seelischer Depression geriet, die seine Persönlichkeitsstruktur veränderte. Es entstand ein Selbstbildnis, umgeben von einer Girlande von Fratzen und Phantomen, mit dem Titel ›Dämonen, die mich quälen‹. Die hervorstechendsten Merkmale seiner Maskenbilder – verdächtige Hintergründigkeit der Dingwelt, das Attrappenhafte ihrer äußeren Erscheinung, panisches Getriebenwerden in einer sinnlos drängenden Masse Maskierter, zusammen mit einem fremdartigen Raumerleben – deuten auf pathologische Reaktionsweisen des schizophrenen Formenkreises hin. Die Maskenbilder entstanden aus dem Andrängen eines halluzinatorischen Bilderschwalls, dessen Ensor sich im Malvorgang mit zwanghafter Notwendigkeit entledigte, und nicht aus expressivem Steigerungswillen seiner künstlerischen Sehweise. Das zeigt auch die Veränderung der formalen Mittel, die sich immer gerade in den Maskenbildern – im Vergleich zur Behandlung anderer Bildthemen – zeigt. Während Ensor sonst die Dinge im differenziertesten Farbenspiel abtastend vergegenwärtigt, wird sein Malvorgang hier hektisch, die Komposition zerstückelt, die Farben grell-bunt, die Linien zerfahren, wie in einem psychotischen Schub (Farbabb. 64, 65).

Im Bild ›Einzug Christi in Brüssel‹ (1888) trägt die Hauptperson Ensors Züge. Sie wird von einer unüberschaubaren skurrilen Maskenmenge begleitet, ja getrieben. Die Ich-Symbolik dieser Bilder wird hier besonders deutlich. In einer tollgewordenen Welt, dargestellt durch den Verfremdungseffekt der Masken, das Verwischen der Grenze zwischen Gesicht und Larve, reitet der einsame Chri-

James Ensor, *Porträt des Künstlers umringt von Masken*, 1899

stus als Symbol eines der Außenwelt völlig entfremdeten Individuums. »Mit einem fast satanischen Ansatz gegen das Leben zerrte er die beiden Pole Ich und Welt auseinander. Das Ergebnis war der furchtbarste Zweifel am Realitätscharakter der Welt selbst, der Verlust der inneren Vertraulichkeit zum menschlichen Dasein und die tragische Entfremdung zwischen Ich und Umwelt« (Werner Haftmann).

Dem wäre hinzuzufügen, daß Ensor nicht nur am Realitätscharakter der Außenwelt zweifelt, sondern darüber hinaus Zweifel an der eigenen Existenz hegt.

Eine klare Abgrenzung des Ichs gegen die Umwelt bildet die erste Voraussetzung psychischer Stabilität überhaupt. An diesem Punkt jedoch setzen psychotische Störungen im allgemeinen ein. Die Wahrnehmung kann Innen und Außen nicht mehr trennen,

Stimmen, die nur dem Inneren entstammen können, werden einer äußeren Instanz zugeordnet. Bei Ensor zeigt es sich daran, daß er das Fratzenhafte der inneren halluzinatorischen Bilder auf seine Umwelt projiziert, indem er die Menschen in verzerrten Physiognomien zu Masken erstarren läßt. Somit wird die Maske als Trennwand, die sie als übergestülpte Form zwischen Individuum und Umwelt bildet, bei Ensor auch gerade zum Symbol der Angst vor der Auflösung der Persönlichkeit, dem Verwischen der Ich-Grenzen und vor dem Verlust der Identität.

Auch wenn Ensors Maskenbilder offensichtlich von seinem individuell-pathologischen Zustand geprägt sind, schafft er damit doch allgemeingültige Bildaussagen über die Fragwürdigkeit menschlicher Existenz überhaupt, wie sie gerade von seinen Zeitgenossen so intensiv empfunden wurde. So spiegelt er über seine persönliche Bewußtseinslage hinaus die allgemeine Krisenhaftigkeit des menschlichen Selbstgefühls und die Unsicherheit der Identität, wie sie von nachfolgenden Künstlern zum Ausdruck gebracht wurde, denen Ensor Orientierung und Maßstab wurde.

Emil Nolde und andere Expressionisten

Emil Nolde (1867–1956) steht, wenngleich auch er Einzelgänger wie Ensor, repräsentativ für die in ganz Europa verbreitete künstlerische Bewegung des Expressionismus, deren hervorragendster und eigenwilligster Vertreter er war (Farbabb. 66).

Alle expressionistischen Künstler standen im Banne der Naturvölkerkunst, und so findet sich das Motiv der Maske oder eine maskenhaft übersteigerte Formgebung von Gesichtern insgesamt gesehen recht häufig. Jedoch bei keinem von ihnen wird das Gesamtwerk von jenem Drang zum Mimisch-Grotesken, zur starken Gebärde und damit maskenhafter Ausdruckskraft so beherrscht wie bei Nolde.

Physiognomisch-Skurrilem begegnet man bei Nolde schon sehr früh. 1895 hat er in seiner Zeit als Gewerbelehrer in St. Gallen Erfolg mit einer Postkartenserie, in der er den Schweizer Bergen gnomenhaft vermenschlichte Züge verleiht und damit volkstümli-

Emil Nolde, *Abendmahl,* 1909, Öl auf Leinwand, 86 × 108 cm

che Namensgebungen verbildlicht. Fast zur gleichen Zeit entsteht eine karikierende Darstellung des Titels ›Maske der Energie‹.

Überhaupt scheint er besonders prädestiniert zu sein für ein intuitives Erleben der Dingwelt, denn auch seine Gegenstandsdarstellungen zeigen den Hang zur Steigerung ins Grotesk-Phantastische.

Seit etwa 1907 setzt eine Schaffensperiode ein, in der sich diese frühen Tendenzen verfestigen: Nolde ist stark von dem Gefühl der Belebtheit der Natur beherrscht, in jedem Zweig, in jedem Strauch meint er Gestalten zu erkennen, die nach Darstellung verlangen. Hier fühlt man sich stark an den Seelen- und Geisterglauben der Naturvölker erinnert, die ebenfalls die Gegenstände ihrer Umwelt als beseelt, d. h. als Wohnsitz von Geistern betrachten. Es wird darin so etwas wie eine empfindungsmäßige Verwandtschaft Noldes mit ihnen spürbar, die in den folgenden Jahren noch stärker ausgeprägt und auch von ihm selbst formuliert wird. »Die Urmenschen leben in ihrer Natur, sind eins mit ihr und Teil vom ganzen All ... Ich male und zeichne und suche einiges vom Urwesen festzuhalten. Die künstlerischen Erzeugnisse der Naturvölker sind ein letztes Überbleibsel einer Urkunst ... Alles Ur- und Urwesenhafte immer wieder fesselte meine Sinne. Das große tosende Meer ist noch im Urzustand, der Wind, die Sonne, ja der Sternenhimmel wohl fast auch noch so, wie er vor fünftausend Jahren war« (nach Walter Hess, *Dokumente zum Verständnis der modernen Malerei,* 1971). Oft und gern besucht Nolde Völkerkunde-Museen, um dort zu zeichnen (1). Er legt sich sogar selbst eine Sammlung an: etruskische Ton-Figuren, Porzellan-Figuren aus China, Gegenstände der Volkskunst und afrikanische und melanesische Masken, die ihn ständig umgeben. Schon dadurch werden Masken zum eigenständigen Motiv seiner Bilder. Bereits vor seiner Südsee-Reise von 1913 malt er das Bild ›Der Missionar‹, in dem er sich intensiv mit den Naturvölkern, ihrem Wesen und ihrer Problematik auseinandersetzt. Er benutzt die Maske als Symbol des verbotenen alten Kultes, mit dem der Missionar konfrontiert ist. Dieser wiederum wird durch eben seine Maskierung und durch die bis zur Satire zugespitzte Darstellung als Kulturzerstörer angeprangert.

1913–1915 unternimmt Nolde eine Reise in die Südsee, die ihn in unmittelbaren Kontakt zum Leben und zur Kunst der Naturvölker, vor allem Neuguineas, bringt (2). Dies intensiviert sein Interesse in dieser Richtung, da ihn diese Auseinandersetzung in seinem eigenen Kunstwollen bestärkt und ihm neue Anregungen gibt. Seine Bewunderung für primitive Kunstäußerungen ist weniger auf der Ebene formal-künstlerischer Problemstellungen angesiedelt, sondern eine Hilfe, durch das »Naturelement« der reinen Farbe sein eigenes Ausdrucksmittel für die Urgewalten von Natur und Mensch zu finden – auf der Ebene, auf der Bildhaftes aus unbewußten Bereichen an die Oberfläche drängt.

»Schön ist es, wenn der Maler unter instinktiver Führung so zielsicher malen kann, wie er atmet, wie er geht... Ich mied alles Sinnen vorher, eine vage Vorstellung von Glut und Farbe genügte mir...« (nach W. Hess). So malt Nolde Figurenbilder, in denen er psychische Gehalte ausdrückt durch die Gewalt der Farbwirkung,

Emil Nolde, *Am Weintisch*, 1911, Öl auf Leinwand, 88,5 × 73,5 cm

die er mit der Formensteigerung der Gesichter und Gebärden verschmilzt. Durch diese maskenhafte Typisierung schafft er Bilder vom Menschen in seinen Ur-Affekten und Leidenschaften. Dabei dient ihm die Steigerungsform des Maskenhaften zu einer Aussage über den Menschen, die über das Individuelle hinausgeht. Nolde will Ursprüngliches freilegen. So wird ihm die Maske zu einer Art »Ur-Gesicht« des Menschen, den er auf dieser tiefsten Ebene eingebettet sieht in das »Gewoge der Naturkräfte«.

Karl Schmidt-Rottluff, *Kongomaske und Schale,* um 1938, Aquarell, 66 × 49 cm

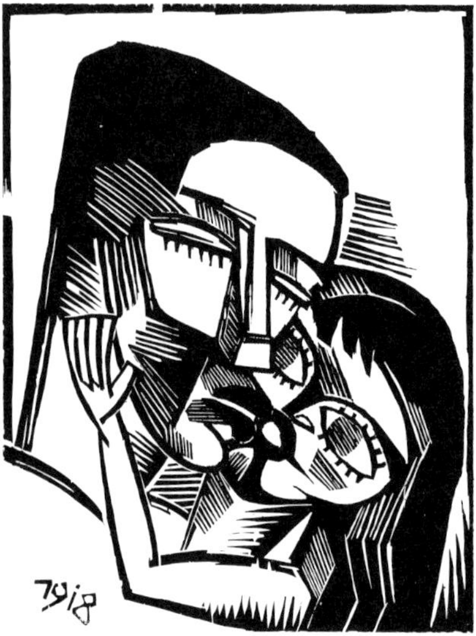

Karl Schmidt-Rottluff, *Kuß in Liebe,* 1918, Holzschnitt, 62,7 × 47,5 cm

Mit dieser Proklamation eines Gefühls tiefster Zugehörigkeit will Nolde auf seine Art die Entfremdung des Individuums und seiner Umwelt durch die Kunst überwinden. Hier steht nicht, wie bei Ensor, Ich gegen Welt, auch wenn die Begegnung mit ihm 1911 Nolde zu seinen ersten Maskenbildern anregte und er sich mit ihm in der Ablehnung der Oberflächenbilder des Natürlich-Sichtbaren einig wußte. Nolde reagiert vielmehr auf seine Weise auf die Spannungen seiner Zeit: Er stellt unter der Berufung auf den Instinkt die Einheit von Ich und Welt zumindest in seinen Bildern wieder her.

Mit diesem Rückzug in die Innenwelt des Menschen geht er konform mit der ganzen expressionistischen Bewegung seiner Epoche. Auch Vlaminck z.B. postuliert, daß an der Basis der Kunst der Instinkt stehe. Geht man die Wirklichkeit mit dem Instinkt an, so ist sie als solche plötzlich nicht mehr wichtig, sondern lediglich Anlaß, Bilder von innen zu provozieren. An diesem Punkt hört das Ich auf, wie Haftmann sagt, an der Welt zu leiden, denn sie wird nicht mehr ernst genommen. Wichtig ist die Reaktion

des bildnerischen Instinkts, daher die Neugier auf die Kunst der Primitiven, deren Deformation des Naturvorbildes aus psychischem Erleben heraus Vorbildcharakter bekommt.

Karl Schmidt-Rottluff (1884–1976) steht in seiner Auseinandersetzung mit der afrikanischen Plastik exemplarisch für viele. In den afrikanischen Masken erkennt er ein Mittel, durch kubische Formvereinfachung, durch die aggressive Betonung des Kontrastreichtums, die er sowohl in der Graphik als auch in seiner Malerei übernimmt, Ausdrucksgehalte der Angst, des Dämonischen als Faktoren seines Menschenbildes zu verdeutlichen.

Auch *Carl Hofer* (1878–1955) zeigte früh Interesse für die Kunst der Primitiven und deren Umsetzung auf dem Hintergrund psychologischer Expressivität. Auch wenn er sich durch seine sensiblen Farbmodulationen von der explosiven Farbigkeit des Expressionismus abhob, fühlte er sich doch von dem thematischen Repertoire der Clowns und Masken aus der Zirkus- und Komödiantenwelt angezogen, Motive, die in den 20er Jahren gerade von Berliner Expressionisten bevorzugt wurden. So greift er diese Themen immer wieder auf, um sein Menschenbild – eine Mischung aus Melancholie und Einsamkeit – zu formulieren. Wirken schon seine Figurenbilder in Pose und Gesichtsausdruck mit leeren Augenhöhlen maskenhaft erstarrt und verloren, so gibt er in seinen eigentlichen Maskenbildern dem Negativismus seines Menschenbildes, vor allem unter dem Druck des Nationalsozialismus, verstärkt Ausdruck und formuliert Bilder seiner eigenen konkreten Bedrohung, z.B. in ›Böse Masken‹ von 1934 (Farbabb. 67).

Max Beckmann (1884–1950) war ebenfalls kein Expressionist im eigentlichen Sinne. Für ihn ist diese Kunstströmung nur ein Durchgangsstadium, die er in den 20er Jahren mit einem größeren Verismus (3) in Einklang zu bringen versucht. Gerade zu dieser Zeit beschäftigt auch ihn besonders die Thematik der Gaukler-, Zirkus- und Fastnachtswelt (Farbabb. 70), so daß Maskierte verstärkt in seinen Bildern auftreten, mit denen er gleichnishaft seine Auffassung des Lebens als »großes närrisches Welttheater« postuliert, an dem der Mensch fast mechanistisch als Schauspieler teilnimmt. Dieses Weltbild war stark durch die Erfahrungen des Ersten Weltkrieges geprägt, an dem er aktiv teilgenommen hatte. Diese Auf-

4 James Ensor, Seltsame Masken, 1892, 100 × 80 cm

65 James Ensor, Einzug Christi in Brüssel, 1888, 258 × 431 cm

ALE
VIVE JES
ROI DE
BRUXELLE
J. ENSOR

66 Emil Nolde, Masken III, 1920, 87,6 × 73,5 cm

67 Karl Hofer, Böse Masken, 1934, 132 × 90 c

68 Max Ernst, Die Geburt der Komödie, 1947, 54 × 41 cm, Museum Ludwig, Köln

Max Ernst, Les Dieux obscurs, 1957, 116 × 89 cm

70
Max Beckmann,
Fastnacht, 1920

fassung ist für sein gesamtes Werk bedeutsam und macht seine Vorliebe für Kostüm und Verkleidung auch in seinen Selbstbildnissen verständlich, in denen er sich z.B. als König oder als Narr präsentiert. Er nutzt die Maskierung als Mittel der Reflexion über die Rolle des Künstlers in seiner Zeit und somit auch über eigene Identität. Der Künstler in der Rolle des maskierten Clowns war eine allgemein verbreitete Thematik in den 20er Jahren und deutet einmal auf die überkommene Wesensverwandtschaft von Narr und Künstler, ist jedoch darüber hinaus ein Symptom der Selbstentfremdung und Fortsetzung jener Identitätskrise der Jahrhundertwende, die sich als Folge der schrecklichen Kriegsereignisse manifestiert.

Pablo Picasso

Pablo Picasso (1881–1973), der in seiner Genialität vielseitigste Künstler der Moderne, verdient auch unter dem Aspekt der Verarbeitung des Maskenmotivs besondere Beachtung. Bei der Unerschöpflichkeit seines hinterlassenen Werkes ließe sich sicher mühelos eine breite Abhandlung unter diesem Gesichtspunkt schreiben. Ich möchte jedoch nur zwei Momente seines Schaffens hervorheben, die mir wesentlich erscheinen. Da wäre zunächst das Bild seiner Frühzeit ›Les Demoiselles d'Avignon‹ von 1907, das nicht nur einen persönlichen künstlerischen Durchbruch Picassos markiert, sondern als Schlüsselbild auf dem Wege zur abstrakten Malerei schlechthin gilt.

In mehreren Entwürfen gestaltet Picasso das ursprünglich als »klassisches« Figurenbild einer Bordellszene geplante Werk immer wieder um, bis sich in der Endfassung Teile des Bildes endgültig vom Naturvorbild gelöst haben und damit den radikalen Bruch mit der künstlerischen Tradition veranschaulichen.

Gerade an diesem entscheidenden Punkt zeigt sich das Maskenhafte. Die Gesichter der Frauen im rechten Bildteil erinnern in ihrer Formgebung stark an primitive Maskenkunst, ja im Vergleich zu den Figuren links scheinen ihnen Masken geradezu übergestülpt. Trotzdem ist nicht zu entscheiden, ob wirklich die Maske als

Pablo Picasso, *Les Demoiselles d'Avignon*, Öl auf Leinwand, 243,9 × 233,7 cm

Gegenstand mit in das Bild hineingenommen wurde oder ob die Formgebung der Gesichter nur auf die konsequente Durchführung der künstlerisch-abstrahierenden Idee zurückzuführen ist.

Picasso hat den Einfluß der »Negerkunst« auf dieses Bild immer bestritten. Er stellte es in den Zusammenhang des von Cézanne aufgeworfenen Problemlösungsprozesses einer neuen Raum- und Dingerfahrung. Er soll geradezu erstaunt gewesen sein, bei Naturvölkermasken auf ähnliche Formprinzipien zu stoßen, wie er sie verwendet hat.

Fest steht jedoch, daß Picasso bereits 1905/06 z.B. durch Derain, mit dem er in Paris arbeitete und diskutierte, mit der Maskenkunst Schwarzafrikas in Berührung gekommen ist; denn Derain, der bei einem Aufenthalt in London im Britischen Völkerkundemuseum diese Kunst für sich entdeckt hatte, kaufte seinem Freund Vlaminck eine afrikanische Maske ab und hängte sie in seinem Atelier auf, ebenso wie Braque und viele andere Pariser Künstler sie zum selbstverständlichen Requisit ihrer unmittelbaren Umgebung machten. Das allgemeine Interesse an Naturvölkermasken war in diesem Kreis so groß, daß Picasso davon kaum unberührt geblieben sein dürfte.

So findet auch er in der primitiven Maske eine Hilfe bei der Lösung neuer Formprobleme, der Umsetzung des Plastischen in

Georges Braque in seinem Atelier, 48 Rue d'Orsel, um 1911

Pablo Picasso, *Clown und Frau,* Vallauris, 6. 1. 1954/ VIII, Tusche, 24 × 32 cm

Pablo Picasso, *Amor mit Maske,* Vallauris, 5. 1. 1954, Tusche, 32 × 24 cm

die zweidimensionale Bildfläche, wobei Volumen zum Rhythmus von Flächen gegliedert wird. Gleichzeitig soll damit eine neue gewaltigere Ausdruckskraft des Bildnerischen erzielt werden, als es mit der reinen Nachgestaltung des Naturvorbildes möglich ist. So könnte man den Einbruch der Masken in diese Bildwelt Picassos durchaus als gewollte expressive Dämonisierung des Weiblichen interpretieren,dessen »magischem Bannkreis« Picasso sein ganzes langes Leben lang verhaftet blieb (4).

Davon zeugt die Folge von Zeichnungen, die er 1953/54 in fortgeschrittenem Alter als Reflexion seiner eigenen Lebenssituation anfertigte, nachdem eine seiner Lebensgefährtinnen, Françoise Gilot, ihn verlassen hatte, die einzige, die sich aus eigener Kraft von ihm löste. Diese Kränkung veranlaßte ihn zu einem eruptiven Ausstoß einer Serie von Zeichnungen, 180 Blätter allein in zwei Monaten. Wieder taucht die Maske als entscheidender Bedeu-

tungsträger auf, diesmal als Bildmotiv völlig eindeutig,vor allem in einer Serie von Tuschzeichnungen des Januars 1954, die in ihrer Aussage vor allem im Zusammenhang betrachtet verständlich werden.

Immer taucht in diesen Graphiken eine junge begehrenswerte Frau auf, die teils mit Maskenträgern konfrontiert wird, teils selbst eine Maske trägt. Ein kleiner zierlicher Amor nähert sich ihr mit einer abstrus großen Maske vor dem Gesicht (5.1.54), deren Züge an Picasso selbst erinnern.Sie reagiert erschreckt, aber auch belustigt, blickt lächelnd-ironisch.

Ein andermal schlüpft Picasso ins Clowns-Kostüm, ist mit seiner Maskierung beschäftigt, schaut angestrengt in den Spiegel, während sie ihm ihre weiblichen Reize in provozierender Aufdringlichkeit anbietet. Oder die Frau bietet dem Clown im Kampf der Geschlechter, symbolisiert in einer Taube, den Frieden an. Er aber

Pablo Picasso, *Die Taube*, Vallauris, 6. 1. 1954/XI, Tusche, 24 × 32 cm

scheint, stieren Blickes nur der Nacktheit der Frau verhaftet, die Taube gar nicht wahrzunehmen (6.1.54/VIII u. XI).

Schließlich sitzen zwei Akte mit Masken einander gegenüber (24.1.54/II), wobei die junge Frau die eines glatzköpfigen ältlichen Clowns trägt, während er, der Alte, sich mit der Maske jugendlicher Schönheit schmückt. Nur diese Maske scheint die Stelle des Kopfes einzunehmen – ein »kopfloser« Alter, der nicht wahrhaben will, daß seine sexuelle Anziehungskraft vergeht? Oder ist andersherum das Alter die eigentliche Maske, mit der sich jugendliche Lebendigkeit lediglich tarnt?

Eine Zeichnung des nächsten Tages (25.1.54/I) zeigt den Demaskierungsvorgang: Unter der Maske der Schönheit erscheint ein fetter Gnom, ein Clown mit den Zügen Picassos, die Frau scheint eine Maske des Zorns wie ein Schutzschild zur Abschrekkung vor sich zu halten. Picasso benutzt die Maske hier, um in ihr die

Pablo Picasso, *Die Masken,* Vallauris, 25. 1. 1954/I, Lavis, 24 × 32 cm

Zweideutigkeit, die Ambivalenz seiner eigenen Identität auszudrücken, den Zwiespalt zwischen Alter und Verfall des Körpers und jugendlichem Begehren, das unverändert da ist.

Er definiert sich selbst einerseits als absurd, betrachtet sich in dem seinem Alter eigentlich unangemessenen Rollenspiel als Liebhaber einer jungen Frau voller Selbstironie, reflektiert die »Obszönität« seines Verlangens und versucht auf der anderen Seite mit dem Grauen vor seinem Alter fertig zu werden, indem er die Frage nach Schein und Wirklichkeit seiner Persönlichkeit aufwirft. Was bestimmt seine Identität? Die äußere Hülle oder sein innerer Antrieb? Wer maskiert wen? Die Maske als Konfliktträger, vielleicht auch als Konfliktlöser, von verschiedenen Anteilen des Selbst, zwischen Innen- und Außenwelt – in dieser Funktion benutzt Picasso sie als Bildmotiv, um seine eigene Identitätskrise zu meistern.

Die Dadaisten

Dada proklamierte sich als eine literarisch-künstlerische und politische »Antikunst-Bewegung«, die sich aus ihrer provokativen Ablehnung jeglicher gesellschaftlich-bürgerlicher sowie künstlerischer Normsetzung das Freisetzen kreativer Kräfte des Menschen erhoffte, die sie durch die Zivilisation blockiert sah. Es ging den Dadaisten also weniger um Kunst, als um eine allgemeine Lebenshaltung; trotzdem stießen sie gerade auf künstlerischem Gebiet in revolutionierender Weise neue Türen auf. Das geistige Klima dieser Gruppe charakterisiert eine Äußerung Hugo Balls: »Angeekelt von den Schlächtereien des Weltkrieges 1914 gaben wir uns in Zürich den schönen Künsten hin. Während in der Ferne der Donner der Geschütze rollte, sangen, klebten, dichteten wir aus Leibeskräften. Wir suchten eine elementare Kunst, die den Menschen vom Wahnsinn der Zeit heilen und eine neue Ordnung, die das Gleichgewicht zwischen Himmel und Hölle herstellen sollte.«

Die Gruppe veranstaltete regelmäßig Soireen im Cabaret Voltaire, bei denen neben Lärmmusik und simultan vorgetragenen Lautgedichten sich grotesk maskierte Tänzer nach rhythmischen Klängen bewegten. Mit dem Element der Clownerie sollte der klassische Kunstbegriff aufgelöst werden.

So waren die Dadaisten die einzigen Künstler zur damaligen Zeit, die in ihrer Ablehnung alles Herkömmlichen in der Kunst, die in ihrer Hinterfragung auch des Tafelbildes als vorrangiges künstlerisches Ausdrucksmittel dazu kamen, Masken als solche – und nicht nur als Bildmotiv – zu erproben. Damit näherten sie sich, ähnlich wie wenig später Oskar Schlemmer, einer Art ›Gesamtkunstwerk‹, die die Grenze zum Theater verwischte.

Hugo Ball schildert in seinem Tagebuch ›Die Flucht aus der Zeit‹ (1946), wie Marcel Janco einige kubistisch-abstrakte Masken mitbrachte. »Wir waren alle zugegen, als Janco mit seinen Masken ankam, und jeder band sich sogleich eine um. Da geschah nun etwas Seltsames. Die Maske verlangte nicht nur sofort nach einem Kostüm, sie diktierte auch einen ganz pathetischen, ja an Irrsinn streifenden Gestus. Ohne es fünf Minuten vorher auch nur geahnt zu haben, bewegten wir uns in den absonderlichsten Figuren, dra-

Hannah Höch, *Mit Mütze,* 1924, Collage und Fotomontage, 19,6 × 15,5 cm

piert und behängt mit unmöglichen Gegenständen, einer den anderen an Einfällen überbietend. Die motorische Gewalt dieser Masken teilte sich uns mit frappierender Unwiderstehlichkeit mit. Wir waren mit einem Male darüber belehrt, worin die Bedeutung einer solchen Larve für die Mimik, für das Theater bestand. Die Masken verlangten einfach, daß ihre Träger sich zu einem tragisch-absurden Tanz in Bewegung setzten.

Wir sahen uns jetzt die aus Pappe geschnittenen, bemalten und beklebten Dinger genauer an und abstrahierten zu ihrer vieldeutigen Eigenheit eine Anzahl von Tänzen, zu denen ich auf der Stelle je ein kurzes Musikstück erfand. Den einen Tanz nannten wir Fliegenfangen. Zu dieser Maske paßten nur plumpe tappende Schritte und einige hastig fangende, weit ausholende Posen, nebst einer nervösen, schrillen Musik... Was an den Masken uns allesamt fasziniert, ist, daß sie nicht menschliche, sondern überlebensgroße und leidenschaftliche Charaktere verkörpern. Das Grauen dieser Zeit. Das Grauen dieser Zeit, der paralysierende Hintergrund der Dinge ist sichtbar gemacht.« Diese Äußerungen könnten sinngemäß von einem Mitglied des gegenwärtigen Freien Theaters stammen.

Auch die Dadaisten standen wie die anderen künstlerischen Bewegungen jener Zeit unter dem Einfluß der Kunst Schwarzafrikas, deren Ausdrucksformen sie sich einmal im praktischen Tun, im erlebten Maskentanz, und damit radikaler als alle anderen annähern wollten, um damit die herkömmliche Kunstsprache zu überwinden, ja zu zerschlagen. Auf der anderen Seite fanden sie nach der radikalen Anfangsphase doch wieder zur Produktion von künstlerischen Gebilden, bevorzugt der Collage, wo Zufallselemente zu einem neuen Bildganzen zusammengefügt werden. So bei *Hannah Höch* (1889–1978). Sie greift in einer Fotomontage-Serie ›Aus einem ethnographischen Museum‹ ganz konkret auf Frühgeschichtliches der Menschheit zurück. Z.B. fügt sie Körperteile, die Abbildung einer primitiven Maske zu einem Wesen zusammen (1924), dessen Menschenähnlichkeit zwar nicht zu übersehen ist, jedoch gerade in seiner deformierten Monstrosität erschrecken läßt. Die Maske als Sinnbild des ewig barbarischen Menschen, wie er sich im gerade vergangenen Weltkrieg wieder entpuppt hatte?

Max Ernst und andere Surrealisten

Max Ernst (1891–1976), der sich zunächst aktiv an der Dada-Bewegung beteiligte und ihr in Köln ein Zentrum schuf, gilt als herausragende Figur des Surrealismus, auch wenn er sich von dessen programmatischen Aspekten nur widerwillig vereinnahmen ließ. Konform ging er jedoch mit den Bestrebungen, das äußere Bild der Wirklichkeit als Fixierung auf das optische Wahrnehmbare abzuschütteln, um demgegenüber Bildern der Innenwelt, des Traums, der Halluzination, des Unbewußten Ausdruck zu verleihen.

So sagt Max Ernst über seine Bildwelt: »Sie entsteht aus dem vitalen Bedürfnis des Intellekts nach Befreiung von dem trügeri-

Max Ernst, *Die Einkleidung der Braut,* 1949, Öl auf Leinwand, 130 × 96 cm schen Paradies der fixen Erinnerungen und nach Erforschung eines neuen ungleich weiteren Erfahrungsgebietes, in welchem die Grenzen zwischen der sogenannten Innenwelt und Außenwelt sich mehr und mehr verwischen.«

Auch im Surrealismus zeigt sich das Bestreben nach Zusammenführung der Antinomie ›Ich – Welt‹. Dies soll auf einer allumfassenden Erfahrungsebene der »Über-Wirklichkeit«, durch die Aufhebung der Spaltung von Bewußtem und Unbewußtem geschehen. Es gilt dabei zunächst, Verfahren zu entwickeln, die unter Umgehung des Intellekts Bildwelten unbewußter Bereiche zugänglich machen können. Daran war Max Ernst maßgeblich beteiligt. Alle seine von ihm erfundenen oder verfeinerten Verfahren (Collage, Frottage, Grattage...) hatten zum Ziel, mit Hilfe des Zufalls eigener Imagination auf die Spur zu kommen durch den Vorgang spontaner bildhafter Assoziationen.

Die Surrealisten strebten eine Ebene intuitiver Weltauffassung an, wie sie sie auch bei den Naturvölkern anzutreffen glaubten. In Paris besuchten sie eifrig das ethnographische Museum, und eigene Werke wurden zusammen mit solchen aus Ozeanien oder Afrika gezeigt. In Zeitschriften, die dem Surrealismus nahestanden, diskutierte man über primitive Kunst. Auch Max Ernst war mit ihr bestens vertraut. Er bewunderte ihre psychologische Direktheit und ihre stilistische Raffinesse. Daneben waren die Ideen Freuds von ausschlaggebender Bedeutung, mit dessen Traumdeutung sich Max Ernst ausgiebig beschäftigt hat.

Seine Bilder entziehen sich jedoch jeder analytischen Deutung im Sinne klarer Symbolgehalte. In ihnen scheint sich übergeordnetes Naturmythisches zu verkörpern, das in erster Linie intuitivem Schauen zugänglich ist. Es geht um die großen Zusammenhänge von Natur, Welt, Kosmos, in denen der Mensch einen Teil des Ganzen bildet, nicht als Individuum, sondern als Wesenheit.

So konstatiert Ernsts Biograph Patrick Waldberg: »Während seines ganzen langen Werkes wird der Mensch durch etwas anderes, ihn Vertretendes wiedergegeben, eine erfundene Figur oder Maske, am häufigsten durch einen Vogel, manchmal durch eine geometrische Person, deren Kopf ein Rechteck, ein Dreieck oder ein Kreis sein kann.«

Max Ernst, *Frühling in Paris*, 1950, Öl auf Leinwand, 116 × 89 cm

Unter diesem Aspekt ist Max Ernst im Rahmen dieses Buches interessant. Betrachtet man die Werke, die etwa um 1940 entstanden sind, wie z.B. die ›Einkleidung der Braut‹, so begegnen uns zwitterhafte oder in Metamorphose begriffene Wesen, bei denen sich das Menschsein eingebettet im Tierhaft-Kreatürlichen, im

Max Ernst, *Masken*, 1950, Farblithographie, 33,1 × 50,2 cm

»Natürlichen« vollzieht. Um 1950 taucht das Motiv der Maske direkt in Lithographien und Malereien auf, meist in statuarisch-festgefügter Formgebung, die seinen Skulpturen verwandt ist, wie z.B. im Bild ›Geburt der Komödie‹ (1947) (Farbabb. 68) oder ›Frühling in Paris‹ (1950).

Etwas später – 1957 – entsteht das Bild ›Die dunklen Götter‹ (Farbabb. 69). Hier scheint uns die magische Ding- und Welterfahrung der Naturvölker im direkten Nachvollzug zu begegnen.

Tatsächlich hat es den Anschein, als sei es Max Ernst gelungen, archaische Erfahrungsebenen des Menschseins in seinem Werk neu zu beleben. Öffnet man sich der Ausdruckskraft seiner Maskenbilder, so ist es gerade das Unheimliche, das Bedrohliche, das Unergründliche, das ihre Faszination ausmacht. Im Motiv der Maske scheint sich bei Max Ernst die Rätselhaftigkeit des Seins zu formulieren, die auch für den modernen Menschen in keiner Weise aufgelöst ist. Gerade die Mehrdeutigkeit der Erscheinungen, die Widersprüchlichkeit eines Wesens ist es, die Max Ernst aufzeigt, um damit die unauflösbare Frage nach dem Sinn menschlicher Existenz in immer neuen Abwandlungen zu thematisieren. Dazu benötigt er die Chiffre und nicht das Individuelle, dazu dient ihm die Maske als archaischer Ausdruck des Menschlichen und seiner Projektionen.

Auch andere Surrealisten thematisieren die Maske. So *René Magritte* (1898–1967), dem es darum ging, durch die Kombination unterschiedlicher Motive und Realitätsebenen unter Beibehaltung akademischer Malweise eine ambivalente Interpretation von Wirklichkeit zu geben, indem er z.B. die Identität von Begriff und Ding in Frage stellte. So entstammt sein Surrealismus weder der Traumwelt noch der automatischen Umsetzung unterbewußter Strömungen, sondern einem magischen Erleben der Dingwelt. Es geht ihm um die Verrätselung des Normalen, um die Infragestellung gewöhnlicher Wahrnehmung, indem er immer wieder den Erwartungen des Betrachters zuwiderhandelt und sein Denken in Beunruhigung versetzt. Es geht um Verfremdung, und in diesem

Foto mit René Magritte (1938) neben seinem Bild *Der Barbar*, ca. 1928, Öl auf Leinwand (mittlerweile zerstört)

René Magritte, *Die Liebenden,* 1928, Öl auf Leinwand, 54 × 73 cm

Rahmen findet auch das Motiv der Maske seinen Platz. So werden zwei Äpfel durch zwei Halbmasken geheimnisvoll vermenschlicht; zwei Liebende durch Verhüllung der Köpfe depersonalisiert oder die Identität des Menschen durch Spiegel plus Maskierung plus Einbruch von Außenwelt überhaupt in Frage gestellt.

Künstler der Gegenwart

Ein abschließender Blick auf die Gegenwartskunst zeigt, daß das Motiv des verhüllten oder verpackten Kopfes von verschiedenen Künstlern in dreidimensionaler, plastischer Darstellung aufgegriffen wurde: Siegfried Neuenhausens ›Mann in Kiste‹ 1968, Nancy Grossmanns ›Kopf‹ 1968, Rainer Kriesters ›Großer maskierter Kopf‹ 1977, Hede Bühls ›Kopf‹ 1975 (5) oder Peter Blakes ›Kamikaze‹ 1965.

Peter Blake, *Kamikaze,* Cryla, 78,8 × 47,9 cm, 1963

Überall begegnet dem Betrachter Verschnürung, Einengung, Gefangenschaft. Vielleicht lassen sie sich insgesamt auf den Nenner eines Mahnmals bringen: Mahnmale gegen Gewalt, Drangsalierung und Terror der gegenwärtigen Zeit.

Carl Bucher schuf 1979 seine ›Versteinerten‹ aus Kunststoff und Quarzsand in Lebensgröße. Als anonyme Masse stehen sie dem Beschauer gegenüber. Dieser hat auch die Möglichkeit, sich einzureihen in diese erstarrte und verstummte Gesellschaft. Entmenschlichung durch Anonymisierung, sei es in Form anonymer Ausübung von Macht und Gewalt, sei es durch Vermassung und Erstarrung in gesellschaftlichen Rollen, die das Verbergen von Menschlichkeit verlangen, darum scheint es diesem Künstler zu gehen, der seine Plastik unter dem Eindruck einer blutigen Gewalttat schuf.

Mit anonymer Macht und Gewalt setzt sich auch Klaus Staeck in seiner Graphik ›Die Ordnung‹ von 1970 auseinander, indem er in der Darstellung vermummter Polizisten staatliche Gewaltausübung kritisiert. (5)

Auch der Aspekt der Entmenschlichung durch fortschreitende Technisierung wird aufgegriffen, z.B. in Bettina von Armins ›Schalter‹ von 1970. In diesem Bild wird der Mensch in seiner Schutzmaskierung zum kafkaesken Insekt.

Und immer wieder findet die Gasmaske als Bildmotiv Verwendung als Symbol der Entmenschlichung durch drohende Umweltverseuchung oder Krieg, wie z.B. bei Peter Sorges ›Straßenverkehrsordnung § 47‹ von 1970, wie sie schon bei Otto Dix und Carl Hofer unter dem Eindruck der von ihnen erlebten Weltkriege als Zeichen des Grauens verwendet wurde.

So findet sich das Motiv der Maske überall dort, wo Künstler auf die drängendsten Probleme unserer Gegenwart reagieren, wo Neu-Orientierung gefordert ist, um Lösungen von Gegenwarts- und Zukunftsproblemen zu finden: Masken als Zeichen und Ausdruck von Angst angesichts drohender Vernichtung von Menschlichkeit, der Menschheit insgesamt; Masken als Fragen nach dem Wohin, als Spiegel von Identitätssuche – wie in den Anfängen der Geschichte.

Anmerkungen

Vorbemerkung

1 Maske = lat. masca; im 7. Jh. bei den Langobarden ein Ausdruck für das Netz, in das die Toten eingehüllt wurden, die als böse Geister wiederkehrten.
mashara (arab.) = Posse, Possenreißer (vermutlich letzte Quelle des Wortes)
Larve = Ausdruck bei den Römern für nächtlich umherstreifende Geister

2 Von seiten der Wissenschaft liegen bezüglich des Identitätsbegriffs keine einheitlichen Definitionen vor. Nach intensiven Erkundungen in dieser Richtung möchte ich für mich folgende Definition aufstellen: Identität ist das Bewußtsein von der eigenen Existenz als eines Kontinuums im Wechsel der Zustände, ein vom Ich (Bewußtsein) gesteuertes Selbstbild, das dem Gesamtverhalten des Individuums Ausrichtung und Orientierung verleiht und das abhängig ist von Außenwelterfahrungen und damit wandelbar.

Kapitel 1

1 präkolumbianisch = altmexikanische Hochkulturen vor der Entdekkung Amerikas durch Kolumbus bzw. vor der spanischen Eroberung.

2 Lévi-Strauss legt in seinem Buch detailliert dar, inwiefern Symbole des Mythos bei den Indianern der Nordwestküste Amerikas in den Masken veranschaulicht werden, und stellt dies wiederum in Beziehung zur sozio-ökonomischen Struktur dieser Region.

3 Es sei hier ein für alle Mal klargestellt, daß der Begriff ›primitiv‹ lediglich in Ermangelung eines besseren verwendet wird und keinerlei Werturteil enthält.

4 Unter Ethnologen ist dieser Begriff sehr umstritten. Indem ich ihn trotzdem verwende, berufe ich mich auf die Anschauungen R. Herneggers (siehe Lit.hinweise), auf den ich mich auch grundsätzlich bei der Verfolgung des entwicklungsgeschichtlichen Aspekts menschlicher Identität stütze.

5 Manchmal können es auch Pflanzen, selten Steine oder ähnliches sein. Immer scheint sich in dieser Wahl jedoch eine besondere (ökonomische) Abhängigkeit des Menschen zu manifestieren.

6 Der Begriff ›Schamanismus‹ stammt aus der Sprache der Tungusen, einem ostsibirischen Volksstamm von Jägern und Rentierzüchtern. Alle Urreligionen Asiens standen mit dem Schamanismus in Verbindung.

7 H. Leuner berichtet über die ›magischen Pflanzen‹: »Sie verursachen Halluzinationen, überwiegend optischer Art, und Persönlichkeitsänderungen in Richtung Psychose finden statt. Manche können auch ›mystische Erfahrungen‹ hervorrufen. Gemeinsam ist ihnen vor allem, daß sie einen traumartigen Zustand erzeugen, mit extremer Änderung aller psychischen Funktionen, wie der Wahrnehmung von Realität, der Erfassung von Zeit und Raum und des Ich-Bewußtseins. Die optischen Halluzinationen sind oft kaleidoskopartig, mit ungewöhnlich brillanten und reichen Farben, verbunden mit akustischen und anderen Trugwahrnehmungen, oft in einer Vielzahl von Synästhesien. Szenische Halluzinationen, starke Gefühls- und Affektregungen werden mobilisiert, tiefgreifende Einsichten in die Zusammenhänge der Welt, der eigenen Person und transzendenter Bezüge können durch den ungewöhnlichen Grad der Gewißheit tief beeindrucken.« (Hanscarl Leuner: *Halluzinogene;* Bern, Stuttgart, Wien 1981)

8 A. Lommel verweist auf eine Mythe, die das Maskenwesen Ceylons über Indien, Tibet und die Mongolei mit dem Sibiriens verbindet, und sieht darin die Andeutung einer historischen Beziehung.

9 Dieser Zusammenhang wird in vielen Sprachen deutlich, z.B. lat. spiritus = Hauch, Atem und Seele, Geist; spirare = blasen, hauchen, atmen, leben.

10 Die kulturhistorisch älteren Tiermasken widersprechen dieser Ansicht.

11 Geheimbund = Nicht die Mitgliedschaft ist geheim, sondern ihre Riten, Tänze, Kultplätze und Gerätschaften.

12 Dieser Ausgestaltung des ›Stirb-und-Werde-Motivs‹ gibt J.L. Henderson (in C.G. Jung, S. 130f.) eine interessante Deutung unter dem Aspekt der Identität: Die Gruppe, symbolisiert im Totemtier, ersetze den verletzten Elternarchetyp (familiäre Bindung). Das daraus fol-

gende lähmende Entfremdungsgefühl werde durch den Initiationsritus beseitigt. Dieser bringe den Novizen zurück zur tiefsten Ebene der ursprünglichen Mutter-Kind-Identität (Verschlingung) und zwinge ihn dadurch, einen symbolischen Tod zu sterben. Seine Identität werde vorübergehend im kollektiven Unbewußten aufgelöst und aus diesem Zustand durch zeremonielle Wiedergeburt errettet.

13 M. Mead Bd. 3, S. 238: »Kulthandlungen wie das Schlagen der Wassertrommeln sind den Frauen kein Geheimnis, sie hören aber andächtig zu, wenn die ›Stimme des Krokodils‹ ertönt. Auf die Frage, ob sie die Ursache des Geräusches kennen würden, antworteten die Frauen: ›Natürlich, das ist die Wassertrommel, doch sagen wir nicht, daß wir das wissen, sonst würden sich die Männer ja schämen.‹«

14 Die Erfindung des Maises (ca. 4000–3000 v.Chr.) machte aus nomadisierenden Jägerstämmen eine seßhafte Bauernbevölkerung. Dadurch entstand eine neue Weltauffassung, die ihren Ausdruck findet in Religion, Kunst, Philosophie. (Nach Paul Westheim)

15 Die differenzierte Ausgestaltung mexikanischer Weltanschauung, die sich in der Symbolik dieser Volkskunstmasken spiegelt, ist insgesamt faszinierend: So ist z.B. die Maske des Pfeifers als Verkörperung des alten Windgottes mit einer riesigen Nase ausgestattet, die ihrerseits den Sonnenphallus indiziert, der die Erde mit dem Feuer der Zeit befruchtet. Diese Art des Feuers läßt den Menschen heranreifen. Durch das Feuer der Gedanken, die die Materie veredeln, gelangt der Alte zu seiner Weisheit. (Nach Katalogtext ›*Mexikanische Masken*‹ 1983)

16 Als Erfinder der Mumifizierung galt der hundsköpfige Totengott Anubis. Dieser – bzw. ein Priester unter seiner Maske – vollzog auch die rituelle Mundöffnung des Toten, damit dieser im nachfolgenden Leben seine inneren Organe gebrauchen konnte. Insgesamt verweisen die vielen Tiergötter Ägyptens auf die totemistischen Ursprünge.

17 Eine sehr ähnliche Funktion finden wir in Mesopotamien, Mykene, Phönizien und Syrien.

Kapitel 2

1 »Karneval, im eigentlichen Sinne ein Volksfest, läuft neben allen kirchlichen und bürgerlichen Zuständen einher, desto lebendiger in seinem Auftreten, je künstlicher und widersprechender dem wahren Inhalte die Formen des Lebens sind. Was anfänglich nur für Sklaven

diente, wurde später Bedürfnis für alle Stände, als die Konvenienz alle zu Sklaven machte. Seitdem ist er im Jahre, was der Sonntag in der Woche.« (A. Fahne 1854)

2 Vielfach leitet man den Begriff ›Karneval‹ von lat. ›carrus navalis‹ = ›Schiffskarren‹ ab, bezugnehmend auf diese Frühlingsumzüge des Dionysos. Fehrle spricht sich allerdings dagegen aus: Seine Nachforschungen hätten ergeben, daß es diesen Begriff in der Antike nicht gegeben habe. So ist der Begriff wohl am ehesten eine volksetymologische Umdeutung vom ›carne levare‹ = ›Fleischwegnahme‹ während der Fastenzeit oder entstanden aus ›carne vale‹ = ›Fleisch, lebe wohl!‹ Eine interessante entgegengesetzte Ableitung gibt A. Fahne, der in älteren Schriften (1195/1321) die Bezeichnung der Fastnacht als ›carnis levamen‹ gefunden haben will. Dies würde die Zeit bedeuten, in der man sich besonders mit Fleischessen Vergnügen machte. Dies scheint nicht unverständlich, wenn man sich die orgiastischen Schwelgereien der Dionysien vergegenwärtigt. Dann wäre das erstere eine Umdeutung durch das Christentum. Der Begriff ›Karneval‹ ist in Deutschland allerdings erst im 17. Jh. bezeugt. Er stammt auf jeden Fall aus dem italienischen ›carnevale‹.

3 Thyrsosstab = mit Efeu und Weinlaub umkränzter, in einem Kienzapfen auslaufender Stab des Dionysos.

4 Satyrn = Waldgeister in Menschengestalt mit einigen Tierattributen (Pferdeschwänze, spitze Ohren, kleine Hörner, Bocksfüße); Silene = älteres Gegenstück der Satyrn (älter, weiser, trinkfreudiger).

5 Leuner hält die Anwendung des Fliegenpilzes bei griechischen Mysterien für sehr wahrscheinlich. Nektar und Ambrosia dienten nach seiner Meinung wahrscheinlich dazu, einen ungekochten Fliegenpilz hinunterzuspülen. Auf einem etruskischen Spiegel sei zu Füßen des Ixion ein Fliegenpilz eingraviert, der sich in Gesellschaft der Götter an Ambrosia (Göttertrunk) ergötzt. Ambrosia scheint das geheime Element aller mit Dionysos verbundenen Mysterien gewesen zu sein. Die Teilnehmer mußten Stillschweigen geloben über das, was sie aßen und tranken. Sie erlebten unvergeßliche Visionen, und ihnen wurde Unsterblichkeit versprochen. Etymologische Vergleiche ergeben, daß Pilze die Bezeichnung ›Nahrung der Götter‹ hatten.

6 Die Laren verweisen auf Formen des Ahnenkults auch bei den Römern: Jedes römische Haus hatte seinen Lar, der zusammen mit den Penaten (Hausgeistern der Vorratskammer) und Vesta (Göttin des Herdes) verehrt wurde. Es gibt zwei Haupttheorien über ihren Ursprung: 1. Sie sind Geister der Ahnen, die eine Familie begründet haben. 2. Sie sind Fruchtbarkeitsgeister, die jeder Familie Gedeihen

brachten, weil sie über die Felder wachten.Dies erinnert unmittelbar an den Ahnenkult der Naturvölker.

A.Fahne knüpft die Verbindung ›Lar = Larve = Seele der Verstorbenen‹.

7 »Ein Fest ist ein gestatteter, vielmehr gebotener Exzeß, ein feierlicher Durchbruch eines Verbotes. Nicht weil die Menschen infolge irgendeiner Vorschrift froh gestimmt sind, begehen sie die Ausschreitungen, sondern der Exzeß liegt im Wesen des Festes; die festliche Stimmung wird durch die Freigebung des sonst Verbotenen erzeugt.« (Freud)

8 Marotte = Narrenzepter mit Puppenkopf

9 Definition Fastnacht, Fasnacht, Fasnet, Faschelnacht: Der Tag vor Aschermittwoch heißt als ›Vorabend der Fastenzeit‹ um 1200 mhd. ›vastnaht‹, so daß ›Nacht‹ hier in der Bedeutung von ›Vorabend‹ gebraucht wird. Offen bleibt, ob ein z.B. im Frühnhd. vorkommendes ›faseln‹ = ›gedeihen, fruchtbar sein‹ als Stamm mit der Bedeutung ›Fruchtbarkeit‹ hereingespielt hat.

Der Begriff ›Fasching‹ kann mit beiden Deutungen zusammenhängen.

10 In Griechenland gibt es das altgriechische Allerseelenfest ›Anthesterien‹. Dazu werden die Toten eingeladen und bewirtet. Zum Schluß schickt man sie fort mit den Worten: Zur Türe hinaus, ihr Toten! Die Anthesterien sind vorbei.Die Erdreligion der Griechen besagte, daß der Tote nicht aus der Gemeinschaft ausscheidet, er ist nur mächtiger und würdigerer geworden. Er wohnt in der mütterlichen Erde, und dort erreichen ihn die Gebete und Spenden der Lebenden, von dort schickt er den Segen zu ihnen hinauf. An gewissen Tagen, wenn die Erde sich lockert und das neue Leben heraufsprießt, kommen die Toten alle wieder und werden festlich empfangen, bis die Zeit ihres Besuches zu Ende ist. Auf dem kindlichen Vertrauen zur immer sorgenden Mutter Erde beruht die Verbindung des Totenkultes mit der Erdreligion. Die Ähnlichkeiten zu den Naturvölkern sind ganz offensichtlich.

11 Rokoko-Maler des venezianischen Karnevals ist in der Hauptsache Giovanni Domenico Tiepolo, 1696–1770.

12 Diese Bewerfungen mitWasser und anderem, auch Konfetti, beruhen auf einer altüberkommenen Fruchtbarkeitssymbolik.

Kapitel 3

1 Tragödie = tragodia, Bocksgesang, mystische Episoden des Dithyrambus

2 Komödie = komodia, fröhlicher Umzug, Gesang. Aus den von der Tragödienhandlung unabhängigen Satyrspielen entwickelte sich die eigenständige Gattung der Komödie.

3 Der Legende nach soll Thespis mit einem bühnenartigen Wagen über Land gefahren sein. So wurde der Thespis-Karren zum allgemeinen Symbol des Theaters.

4 Da der Komödiant fast akrobatische Leistungen vollbringen mußte, hatte er meist ein weniger behinderndes Kostüm. Die übertriebene Formgebung seiner Masken diente der Erhöhung der komischen Wirkung. Er trug gewöhnlich weiche Pantoffeln, fleischfarbene Trikots, einen kurzen, grotesk ausgepolsterten Chiton und zur Zeit von Aristophanes einen großen roten Lederphallus.
Die Begleiter des Dionysos im Satyrspiel trugen kurze Kniehosen aus Fell, an denen ein Schwanz und ein Phallus angebracht waren.

5 Neben China finden wir Theatermasken in Indonesien, Java, Bali. Die Schminkmasken des chinesischen Theaters sind noch heute durch eine dezidierte Farbsymbolik festgelegt: Das Temperament wird durch bestimmte Linien und Schminkfarben im Gesicht angezeigt. Blau bedeutet Grausamkeit, Rot Redlichkeit und Mut. Der Fächer ist ein Zeichen der Frivolität. Farben zeigen auch den Rang an: gelb = Kaiser, rot = Beamter, schwarz = gemeiner Mensch.

6 Das moderne Kabuki-Theater, das um 1600 entstand, bedient sich der Schminkmaske, die ihrerseits durch die Tradition bestimmt ist.

7 Es lassen sich drei Wurzeln der Commedia dell'arte ausmachen: 1) Die altrömische Atellanae, eine volkstümliche Possengattung mit derbgrobem Maskenspiel, wo ähnliche Typen wie in der Commedia dell'arte auftraten – Dummkopf Macco, einfältiger Bucco, verspotteter Greis Pappus. Es zerfiel mit dem römischen Imperium.
2) Das wandernde Volk der Artisten, das seit ewigen Zeiten auf großen Handelsstraßen zu Hause war und mit dem Aufstieg neuzeitlichen Warenverkehrs zu neuer Blüte gelangte. Dieser Mimus ist älter als die antike Tragödie und hat seine Wurzel in Jagd- und Vegetationszauber sowie im Totenkult.
3) Der Karneval brachte gerade im 15. Jh. berufsmäßige Spaßmacher und Mimen hervor.

8 Der Begriff ›Commedia dell'arte‹ hebt den professionellen Charakter im Gegensatz zur Liebhaber- oder Hofbühne hervor: commedia = Theater, l'arte = Handwerk, Beruf.

9 Harlekin: Der Arlecchino der C.d.a. geht namensmäßig zurück auf eine Anfang des 12. Jh.s nachgewiesene Teufelsbenennung, Hellequin oder Herlequin für den Anführer der ›Wilden Jagd‹. Entsprechend

seiner tierischen Herkunft war seine Maske zunächst zottig, später glatt mit einem zur Beule geschrumpften Rest von Teufelshörnern. Später wird er zum durchtriebenen Spaßvogel, der durch Fehler und Ungeschicklichkeiten zwar Prügel provoziert, sich jedoch seine freundlich-naive Weltanschauung nicht rauben läßt. Bei Hofe wird er zum Hofnarr verfeinert. Entsprechend wandelt sich sein Kostüm vom lumpigen Flickengewand zum eleganten Kostüm mit regelmäßigem Rautenmuster. In Frankreich erfährt Arlecchino eine Umwandlung vom dümmlich-naiven Bauernburschen zum gerissenen Spaßvogel Harlequin. Im Rokoko wird er zum traurigen Pierrot. In Österreich und Deutschland wird er der Hanswurst und der Kasperl.

Kapitel 4

1 Nur mit Gasmasken und Schutzanzügen ist in giftgasverseuchten Gebieten ein Überleben möglich, und auch das nur höchstens 6 Stunden. Doch solche Hilfsmittel hat nur das Militär. Die Bevölkerung, die von den Soldaten verteidigt werden soll, ist schutzlos. (Stern, 34/82)

2 Es wird über die Atemwege, die Speisewege oder die Haut aufgenommen, blockiert das Nervensystem und führt innerhalb von Minuten zum Atemstillstand. Wenn nur ein Faß undicht würde, müßte man in einem dichtbesiedelten Gebiet mit 300000 Toten rechnen. (Stern 21/82)

3 Claude Lévi-Strauss (Der Weg der Masken, 1977) äußert sich ebenfalls zu diesem Aspekt: »Eine Maske ist nicht in erster Linie das, was sie darstellt, sondern das, was sie transformiert, d.h. absichtlich nicht darstellt. So wie ein Mythos verneint auch die Maske ebensoviel, wie sie bejaht. Sie besteht nicht nur aus dem, was sie sagt, oder zu sagen meint, sondern auch aus dem, was sie ausschließt.«

4 Neueste Ergebnisse der Zwillingsforschung betonen entgegen dem Trend der letzten Jahre in dem Wechselspiel von Umwelt und Anlage wieder die Bedeutung der letzteren.

5 Wolfgang Koeppen beschreibt in seinem Roman *Tod in Rom* die Wichtigkeit von Maskierung für das eigene Selbstgefühl. Ein ehemaliger Nazi begibt sich zum ersten Mal seit Jahren wieder ohne Uniform unter die Leute. Einige Zitate: »– auf einmal war er hilflos. Es war seit sehr langer Zeit das erste Mal, daß Judejahn als Mensch unter Menschen trat. Ein Zivilist, unbewacht, unbeschützt, unbewaffnet, ein

stämmiger ältlicher Herr in einem dunklen Anzug. Es verwirrte ihn, daß niemand ihn beachtete. Vorübergehende berührten ihn, streiften ihn, stießen ihn und murmelten ein flüchtiges, uninteressiertes ›Pardon‹. Pardon für Judejahn? Er tat ein paar blinde Schritte. Niemand wahrte achtungsvollen Abstand.« – Er sieht ein Mädchen, das er begehrt. – »Aber schon wieder stand er hilflos und tölpelhaft da, und wußte nicht, wie er sich benehmen und wie er es sprachlich beginnen sollte, er war ja nicht in Uniform, das Mädchen fürchtete ihn nicht, es war nicht mit bloßem Winken getan... er war wieder der kleine Gottlieb, der Sohn des Volksschullehrers; er sollte studieren und kam auf dem Gymnasium nicht recht mit. Er stand da, wie er einst in seines Vaters gewendeten und für ihn umgeschneiderten Anzügen unter seinen reicheren Kameraden gestanden hatte, die Kieler Matrosenblusen trugen... Warum traute er sich nicht? Der kleine Gottlieb stand ihm im Weg, und nur eine Uniform am Leib überwand er den kleinen Gottlieb.«

6 Max Frisch erwähnt in seinem Roman *Stiller* die Gefahr, beim Mitmenschen nur noch die Maske wahrzunehmen: »Einmal mehr spüre ich etwas Unheimliches, eine Mechanik, in den menschlichen Beziehungen, die Bekanntschaft oder gar Freundschaft genannt, alles Lebendige sofort verunmöglicht, alles Gegenwärtige ausschließt... Es funktioniert alles wie ein Automat: oben fällt der Name hinein, der vermeintliche, und unten kommt schon die dazugehörige Umgangsart heraus, fix und fertig, ready for use, das Klischee einer menschlichen Beziehung...«

7 Val Hennessy belegt dies mit bildhaften Gegenüberstellungen in seinem Buch *In The Gutter*. (Siehe Literaturhinweise)

8 Auch für die Herstellung von Werbefotos werden diese Berufe gebraucht: z.B. für das Anschminken von Depressionen oder Kopfschmerzen bei der Medikamentenwerbung. Daneben existiert noch ein medizinisches Aufgabenfeld: Kaschierung von Unfallschäden, Feuermalen etc.

Kapitel 5

1 1905 bringt der Sammler Karl Ostheim Nolde diese Kunst nahe.

2 Nolde wird als ethnographischer Zeichner zu einer Expedition zu den deutschen Inseln des Pazifiks eingeladen.

3 Verismus (lat. verus = wahr): Realismus mit sozialkritischer Absicht

4 Über diesen Punkt gibt Picassos Biographie hinlänglich Aufschluß, und er muß deshalb hier nicht weiter erläutert werden.

5 Diese Abbildungen befinden sich im Ausstellungskatalog *Wer zeigt sein wahres Gesicht?*, 1983. (Siehe Literaturhinweise)

Literaturhinweise

Allgemeines

1) Übergreifende Betrachtungen

Bihalji-Merin, Oto, *Masken der Welt,* Gütersloh 1970
Bertschli, Hannes, *Masken und Gesichter,* Basel 1982
Callois, Roger, *Die Spiele und die Menschen,* München/Wien o.J.
Ebeling, Ingelore, *Masken,* Diaserie mit Begleittext, Köln 1982
Lommel, Andreas, *Masken – Gesichter der Menschheit,* Stuttgart 1981
Martin, Heinz E. R., *Masken* (Reihe Antiquitäten), München 1983
Städt. Kunsthalle Recklinghausen, *›Wer zeigt sein wahres Gesicht?‹,* Katalog der Maskenausstellung 1983

2) Zum Identitätsaspekt

Hernegger, Rudolf, *Der Mensch auf der Suche nach Identität,* Bonn 1978
Strauss, Anselm, *Spiegel und Maske. Die Suche nach Identität,* Frankfurt 1974

3) Zum Aspekt Tanz

Günther, Dorothee, *Der Tanz als Bewegungsphänomen. Wesen und Werden,* Hamburg 1962
Italiaander, Rolf, *Tanz in Afrika,* Berlin 1960

Kapitel 1 Masken der Naturvölker (siehe auch unter ›Allgemeines‹)

Eliade, Mircea, *Schamanismus und archaische Ekstasetechniken,* Zürich/Stuttgart 1957
Forman, W./Burland, C.A., *Götter, Geister und Dämonen,* Hanau 1973
Frazer, Douglas, *Die Kunst der Naturvölker,* Zürich 1962
Frobenius, Leo, *Kulturgeschichte Afrikas,* Zürich 1933

Grazioso, Paolo, *Die Kunst der Altsteinzeit,* Stuttgart 1956
Kirk, M./Strathern, A., *Neuguinea – Gesichter und Masken,* 1981 (Körperbemalung)
Lévi-Strauss, Claude, *Der Weg der Masken,* Frankfurt 1977
Lucas, Heinz, *Ceylon – Masken. Der Tanz der Krankheitsdämonen,* 1958
Mead, Margaret, *Jugend und Sexualität in primitiven Gesellschaften,* Bd. 3, München 6. Aufl. 1981
Rautenstrauch-Joest-Museum Köln, *Schwarze Inseln der Südsee – Melanesien,* Ausstellungskatalog 1971 (Waldemar Stöhr)
Rautenstrauch-Joest-Museum Köln, *Mexikanische Masken,* Ausstellungskatalog 1983
Westheim, Paul, *Die Kunst Alt-Mexikos,* Köln 1966
Wolf, Walter, *Kulturgeschichte des Alten Ägypten,* Stuttgart 1977

Kapitel 2 Karneval – Zeit der Masken

Fahne, A., *Der Carneval* (Unveränderter Neudruck der Ausgabe Köln/Bonn 1854)
Fehrle, Eugen, *Feste und Volksbräuche im Jahreslauf europäischer Völker,* Kassel 1955
Goldmann, A., *Carnival in Rio,* New York 1978
Künzig, Johannes, *Die alemannisch-schwäbische Fasnet,* 1980
Meuli, Karl, *Der Ursprung der Fastnacht,* Stuttgart 1969
Mezger, Werner, *Hofnarren des Mittelalters,* Konstanz 1981
Orloff, Alexander, *Karneval – Mythos und Kult,* Wörgl 1980

Kapitel 3 Theater – Zirkus – Film

1) Theater

Arpe, Werner, *Bildgeschichte des Theaters,* Köln 1962
Harjes, Rainer, *Handbuch zur Praxis des Freien Theaters,* Köln 1983
Hartnoll, Phyllis, *Das Theater,* Wien/München/Zürich 1970
Hürlimann, Martin, *Das Atlantis Buch des Theaters,* Zürich 1966
Marcia, A./Strehler, G., *Die Commedia dell'arte in den Masken der Sartoris,* Frankfurt: Puppen und Masken 1982
Perzynsky, *Japanische Nô-Masken,* Berlin 1925
Riha, Karl, *Commedia dell'Arte,* Frankfurt 1980

2) Zirkus

Bose, Günther/Bruckmann, Erich, *Circus. Geschichte und Ästhetik einer niederen Kunst,* 1978
Schels, Walter, *Roncalli. Die Reise zum Regenbogen,* 1982

Schütte, Thomas/Angelo, Mario, *Zirkus Roncalli,* 1981
3) Film
v. Witte, K., *Theorie des Kinos,* Ideologiekritik der Traumfabrik, 1973

Kapitel 4 Alltagsmaskierungen

Argyle, Michael, *Soziale Interaktion,* Köln 1972
Hennessy, Val, *In The Gutter,* London 1978 (Punk)
Klinger, Thomas/Ebeling, Ingelore, *Körpersprache,* Diaserie mit Begleittext, Köln 1984
Molcho, Samy, *Körpersprache,* München 1983
Penth, Boris/Franzen, Günter, *Last Exit. Berichte von der Punk-Front,* 1981
Ulze, Harald, *Frauenzeitschrift und Frauenrolle,* 2. Aufl. 1979
Wesley, Frank u. Claire, *Das Rollendiktat. Zur Psychologie der Geschlechter,* 1980
Wroblewsky/Gomez-Vaez, *City Indians,* Frankfurt 1983

Kapitel 5 Maske und Künstler der Moderne

Ball, Hugo, *Flucht aus der Zeit,* Luzern 1946
Berger, John, *Glanz und Elend des Malers Pablo Picasso,* Hamburg 1973
Haesaerts, Paul, *James Ensor,* Stuttgart 1957
Haftmann, Werner, *Emil Nolde,* Köln 1958
Haftmann, Werner, *Malerei des 20. Jahrhunderts,* München 1965
Hess, Walter, *Dokumente zum Verständnis der Modernen Malerei,* Hamburg 1956
v. Maur, Karin, *Oskar Schlemmer. Das plastische Werk,* Stuttgart 1972
Waldberg, Patrick, *Max Ernst,* Paris 1958
Spies, Werner, *Die Rückkehr der schönen Gärtnerin. Max Ernst 1950–1970,* Köln 1971

Register

Abbildungsnachweis

Farbabbildungen

1 Melanesische Stülpmaske. Neu-Britannien/Melanesien. Aus Baumwülsten genäht, Höhe 70 cm. Rautenstrauch-Joest-Museum, Köln

2 Malangan-Maske. Melanesien. Um 1900, Holz u. a., 151,5 × 71 cm. Rautenstrauch-Joest-Museum, Köln

3 Epa-Maske (Fruchtbarkeitskult). Yoruba/Nigeria. Holz, Höhe 125 cm. Rautenstrauch-Joest-Museum, Köln

4 Kopfaufsatz. Bambara (mythologisches Antilopenwesen). Mali/Afrika. Holz, 70 × 26 cm. Rautenstrauch-Joest-Museum, Köln

5 Mokenge- oder Maschambay-Maske. Bakuba (Krankheitsgeist). Kongo/Afrika. Rautenstrauch-Joest-Museum, Köln

6 Kifwebe-Maske. Basonge (Totengeist). Kongo/Afrika. Museum Rietberg, Zürich

7 Tlingit-Maske (Schamanismus). 19. Jh., Holz. Nordwestküste Amerika. Museum Rietberg, Zürich

8 Aztekische Steinmaske, um 1500. Staatliche Museen Preußischer Kulturbesitz, Museum für Völkerkunde, Berlin

9 Kwakiutl-Maske. Holz, u. a. Nordwestküste Amerika. Staatliche Museen Preußischer Kulturbesitz, Museum für Völkerkunde, Berlin

10 Tiger-Maske (Volkskunst). Mitte 19. Jh., 30 cm. Aus: Masken aus Mexiko (Ausstellungskatalog, Hrsg. OLIVETTI)

11 Barong-Maske. Tanzspiele in Bali. Foto: Günter Spitzing, Hamburg

12 Allemannische Karnevalsmasken. Holz. Foto: Vista Point, Köln

13 Buttermandlhüpfen in Loipl im Berchtesgadener Land. Foto: Thomas Klinger, München

14 Basler Fastnacht. Foto: Schweizerische Verkehrszentrale (SVZ)

15 Kölner Karneval. Jecken... Verkehrsamt der Stadt Köln. Foto: Alfred Koch, Köln

16 . . . in Aktion. Verkehrsamt der Stadt Köln. Foto Fridmar Damm, Köln

17 PacMan-Figuren im Vergnügungspark »Six Flags Over Texas«. Arlington/Texas. Foto: Vista Point, Köln

18–21 Neuer Venezianischer Karneval. Foto: Kurt-Michael Westermann, Hamburg (18–20), Thomas Klinger, München (21)

22 Japanische Nô-Maske (Dämon). 18. Jh. Theatermuseum des Instituts für Theaterwissenschaft der Universität Köln

23 Harlekin (Commedia dell'arte). Frankreich 18. Jh., Sandstein, lebensgroß. Theatermuseum des Instituts für Theaterwissenschaft der Universität Köln

24 Pantaleone-Maske (»neue« Commedia dell'arte). Foto: Thomas Klinger, München

25 Volksfest in Beaumont, Texas. Foto: Vista Point, Köln/Horst Schmidt-Brümmer

26 Wiener Straßentheater. Foto: Kurt-Michael Westermann, Hamburg

27–30 Pantomime Samy Molcho. Foto: Thomas Klinger, München

31–36 Performance-Kunst »Gefühlsaustausch«. Ateliergemeinschaft »Die Maske«, Köln. Foto: Sabine Kühne

37 Kopffüßler. Zirkus »Roncalli«. Foto: Thomas Klinger, München

38 Dummer August und Weißer Clown, Zirkus »Roncalli«. Foto: Thomas Klinger München

39 Jango Edwards. Foto: Thomas Klinger

40 Charlie Rivel. Foto: Thomas Klinger, München

41 Filmidol Marylin Monroe. Foto: Vista Point, Köln

42 Maskenbildnerei, Universal Studios, Hollywood: Der »Hulk«. Touristenschreck und . . . Foto: Vista Point, Köln

43 . . . Horrormaske Frankenstein. Foto: Vista Point, Köln

44 Schutzmasken: Weltraumfahrt (Ausstellungstafel im LBJ Space Center, Houston) . . . Foto: Vista Point, Köln

45 . . . und Motorsport (Niki Lauda). Foto: Thomas Klinger, München

46–49 Vier Schminkgesichter eines Modells. Ateliergemeinschaft »Die Maske«, Köln. Foto: Sabine Kühne

50 Maskierung als Werbegag. Entwurf für eine Schmuckwerbung. Ateliergemeinschaft »Die Maske«, Köln. Foto: Sabine Kühne

51–56 Kreation eines Typs (Mannequin, Zustandsbilder des Veränderungsprozesses). Foto: Alexander Beck, Frankfurt

57/58 Modefotografie: Stereotypen des Weiblichen und Männlichen. Ateliergemeinschaft »Die Maske«, Köln. Foto: Sabine Kühne

59–61 Punks in London. Foto: Christopher Wroblewsky

62 »Sic Boys«, London. Foto: Christopher Wroblewsky

Schwarzweißabbildungen

S. 23 Der sogenannte ›Zauberer‹ aus der prähistorischen Höhle in Trois-Frères, Südfrankreich. Staatliches Museum für Völkerkunde, München

S. 26/27 Büffeltanz der Mandan-Indianer im Jahre 1833. Kupferstich von Karl Bodmer. Zentralbibliothek Zürich. Tafelband zu: Wied, »Reise in das Innere von Nord-Amerika«.

S. 30 Tanzmaske aus Holz. Seehundkopf grün-rot-schwarz bemalt. Staatliches Museum für Völkerkunde, München

S. 31 Rabenmaske, Nordwestamerika. Staatliches Museum für Völkerkunde, München

S. 34 Ceylonesischer Krankheitsdämon. Die 18 umgebenden Masken repräsentieren die von ihm beherrschten Krankheiten. Staatliches Museum für Völkerkunde, München

S. 37 Kachina-Figur, San Juan Pueblo, New Mexiko, Repräsentationsfiguren meist freundlich gesinnter Ahnengeister. Foto: Vista Point, Köln/Horst Schmidt-Brümmer

S. 39 Melanesische Ahnenmaske aus einem übermodellierten menschlichen Gesichtsschädel, Neu Britannien. Rautenstrauch-Joest-Museum, Köln. Foto: Vista Point, Köln/Andreas Schulz

S. 43 Tatanua-Maske, nördliches Neu-Irland, Melanesien. Verkörperung von Verstorbenen bei Totenfesten. Rautenstrauch-Joest-Museum, Köln. Foto: Vista Point, Köln/Andreas Schulz

S. 47 Altmexikanische Steinmaske, 600–800 n. Chr. Wahrscheinlich zur Anbringung auf Totenbündeln vornehmer Verstorbener. Privatbesitz, Mexiko. Foto: Irmgard Groth-Kimball

S. 59 Kölner Totenmaskenhersteller mit Gips- und Bronzeabgüssen. Foto: Alfred Koch, Köln

S. 61 Karneval am Kölner Dom. Verkehrsamt der Stadt Köln. Foto: Alfred Koch, Köln

S. 63 Innenbild einer griechischen Trinkschale: Dionysos und Silen, der die Doppelflöte bläst. Um 480 v. Chr. Staatliche Museen Preußischer Kulturbesitz, Antikenmuseum, Berlin. Foto: Ingrid Geske

S. 73 Laternenträger und Musikanten der Baseler Fastnacht. Foto: Schweizerische Verkehrszentrale (SVZ)

S. 75 Frauenmasken der Baseler Fastnacht. Foto: Schweizerische Verkehrszentrale (SVZ)

S. 77 Narrengetümmel in Köln. Verkehrsamt der Stadt Köln. Foto: Alfred Koch, Köln

S. 80/81 Venezianischer Karneval heute. Foto: Thomas Klinger, München

S. 85 Karneval in Brasilien (Bahia). Foto: BILDERBERG/Klaus D. Francke, Hamburg

S. 87 Kölner »Paradiesvogel«. Foto: Brigitte Stachowski

S. 88 Kölner »Jecken«. Verkehrsamt der Stadt Köln. Foto: Alfred Koch, Köln

S. 89 Dialog zweier Masken. Verkehrsamt der Stadt Köln. Foto: Alfred Koch, Köln

S. 90/91 Horrormasken aus Kunststoff. Prospekt der Firma Technotron, Flensburg

S. 92/93 Einmal Hexe sein! Karnevalsmaske mit modellierter Kunststoffnase und Schminke fertigt auf Wunsch die Ateliergemeinschaft »Die Maske«, Köln. Foto: Sabine Kühne

S. 95 Rekonstruktion des Dionysos-Theaters in Athen. Foto: Archiv des DuMont Buchverlages, Köln

S. 97 Der griechische Komödiendichter Menander prüft eine Maske. Hellenisches Relief, 1. Jh. v. Chr. Foto: Archiv des DuMont Buchverlages, Köln

Der griechische Tragödiendichter Euripides prüft die tragische Maske des Herakles. Relief, Konstantinopel, 2. Jh. v. Chr. Foto: Archiv des DuMont Buchverlages, Köln

S. 98/99 Dionysos, umgeben vom Chor der Satyrn (mit Bocksfell, Phallus und Maske) und Schauspielern im Kostüm von Göttern und Helden. Satyrspiel-Vase, Neapel, ca. 400 v. Chr. Foto: Archiv des DuMont Buchverlages, Köln

S. 100 Masken einer Frau, zweier Jünglinge und eines Greises. Mosaik. Villa Hadriana, Tivoli, ca. 2. Jh. v. Chr. Foto: Archiv des DuMont Buchverlages, Köln

S. 101 Römischer Schauspieler im Königsgewand, der nach errungenem Sieg im musischen Wettkampf als Dank eine Maske weiht. Freskogemälde aus Herculaneum, ca. 30 n. Chr., nach Original aus dem 4. Jh. v. Chr. Museo Nazionale, Napoli. Foto: Archiv des DuMont Buchverlages, Köln

S. 103 Nô-Masken als Skala menschlicher Empfindungen, 14./15. Jh. Press Information Bureau, Government of India, New Delhi. Foto: Archiv des DuMont Buchverlages, Köln

S. 114 Passionsspiel von Valenciennes während der Aufführung im Jahre 1547. Rekonstruktion von E. Grasset nach einer zeitgenössischen Skizze von Albert Cailleau. Foto: Archiv des DuMont Buchverlages, Köln

S. 117 Szene der historischen Commedia dell'arte mit Colombina, Arlecchino, Scapire und Scaramuccio, ca. 1590. Foto: Archiv des DuMont Buchverlages, Köln

S. 121 Nachgebaute moderne Commedia dell'arte-Maske. Foto: Thomas Klinger, München

S. 123 Oskar Schlemmers Triaden-Figuren aus dem »Triadischen Ballett«. Berlin 1926. © Schlemmer-Archiv, Staatsgalerie Stuttgart

S. 125 Moderne Commedia dell'arte-Figur mit typischer Halbmaske. Foto: Thomas Klinger, München

S. 128 Szene aus »König Lear« am Old Vic, 1958. Schminkmasken des traditionellen Theaters als Ausdrucksmittel individuell-gefühlshafter Vorgänge. Foto: Archiv des DuMont Buchverlages

S. 130/131 Straßenvorstellung des »Bremer Bildertheaters«. Foto: Kurt-Michael Westermann, Hamburg

S. 132/133 Das Mimentheater ›Magma‹ mit einem Beitrag zum Thema Partnerschaft. Foto: Peter Paul Hammerschmidt, Berlin

S. 135 Performance-Künstler auf der documenta 7, Kassel. Foto: Vista Point, Köln/Andreas Schulz

S. 136/137 Pauline Schuhmann schminkt ihren Vater Charlie Rivel, Juni 1978. Foto: Thomas Klinger/Hans Albrecht Lusznat, München

S. 138 Aus André Hellers »Flic-Flac«. Foto: Stefan Moses, München

S. 142/143 Romy Schneider (Stern 43/82). Foto: © STERN, Hamburg.

S. 145 »Herstellungsprozeß« eines Affenmenschen aus gegossenen Silikonteilen, künstlichen Haaren und Schminkfarben. Ateliergemeinschaft »Die Maske«, Köln. Foto: Sabine Kühne

S. 146 Affenmensch (Endstadium). Ateliergemeinschaft »Die Maske«, Köln. Foto: Sabine Kühne

S. 148 Horrormaske aus dem Science-Fiction-Film »Metaluna 4 antwortet nicht«, USA 1955. Universal. Foto: Archiv des DuMont Buchverlages, Köln

S. 151 a–d Schutzmasken a Hitze- und Blendschutz für Gießereiarbeiter b Elektroschweißerhelm gegen UV-Strahlen c Atemschutzmaske der Feuerwehr d Taucherhelm. Foto: Heinz Baumann, Zürich

S. 153 Perikles mit antiker Kriegsmaske. Dieser Helm ist Bestandteil fast aller Abbilder des Perikles. Nach Plutarch benutzten die Bildhauer den Helm, um den anatomischen Makel eines übergroßen Kopfes zu kaschieren. Aus: John Ligget, The human face, London 1974

S. 155 Chef-Kardiologe Dr. De-Bakey, Houston, Texas. Foto: Vista Point, Köln

S. 157 Jugendliche BMX-Stars. Foto: Vista Point, Köln/Andreas Schulz

American Football: die »Houston Oilers« in Aktion. Foto: Vista Point, Köln

S. 159 Rechtsradikale Separatisten der verbotenen »Nationalen Befreiungsfront Korsika« bei einer Pressekonferenz. Foto: Studio X, Limours

S. 170/171 Demonstration in Köln. Foto: Vista Point, Köln/Andreas Schulz

S. 176 Reporter Gerd Kromschröder in »Türken-Maskierung« . . . Foto: © STERN/Peterhofen. Aus: Gerd Kromschröder, Als ich ein Türke war, Eichborn Verlag, Frankfurt/Main

S. 177 . . . und die Erfahrung der Isolation in einem Frankfurter Ausflugslokal (Stern 42/82). Foto: © STERN/Peterhofen. Aus: Gerd Kromschröder, Als ich ein Türke war, Eichborn Verlag, Frankfurt/Main

S. 178 Gesellschaftliche Hierarchie und ihre Rollenbilder: Pantomime Samy Molcho vom »Chef . . . Foto: Thomas Klinger, München

S. 179 . . . bis zum Lehrling«. Foto: Thomas Klinger, München

S. 182 »Die Grünen« gegen politische Kleidungs- und Verhaltensnormen. Foto: GIG-PRESS/Csengery

S. 182 Rockertreffen, Pismo Beach, Kalifornien. Foto: Vista Point, Köln/Gudrun Wasmuth

S. 184 Alternativ-Zahnarzt Jim, ökologische Sunburst Gemeinde, Kalifornien. Foto: Vista Point, Köln/Jochen Ohlhoff

S. 186 Lehrbild für »progressive Pfarrer«, Poster. Foto: Ingelore Ebeling, Bergisch-Gladbach

S. 188 Punk . . . Foto: Christopher Wroblewsky

S. 189 . . . Punk . . . Foto: Christopher Wroblewsky

S. 191 . . . Punk . . . Foto: Christopher Wroblewsky und sein Gegenbild. Ateliergemeinschaft »Die Maske«, Köln. Foto: Sabine Kühne

S. 193 Wo Männer noch Männer sind: Texas. Foto: Vista Point, Köln

S. 194 Filmklischees starker Held . . . Columbia. Foto: Archiv des DuMont Buchverlages, Köln

S. 195 — ... und schwaches Weibchen. Warner. Foto: Archiv des DuMont Buchverlages, Köln

S. 198 — Schönheitskult: Gesichtsmasken und -massage in einer Schönheitsschule, USA. Aus John Liggert, The human face, London 1974

S. 204 — Büffelmaske, Grasland von Kamerun. Aus: J.F. Glück, Afrikanische Masken, Baden-Baden 1956

S. 205 — Karl Schmidt-Rottluff: Afrikanisches, 1954. Öl auf Leinwand, 76 × 90 cm. Brücke-Museum, Berlin/West. © 1984, Copyright by COSMOPRESS, Genf

S. 206/207 — James Ensor: Die Intrige, 1890. Öl auf Leinwand. 90 × 150 cm. Koninglijk Museum voor Schone Kunsten, Antwerpen. © ARABP, Brüssel/BILD-KUNST, Bonn 1984

S. 209 — James Ensor: Porträt des Künstlers umringt von Masken, 1899. Öl auf Leinwand, 120 × 80 cm. Sammlung Cleomir Jussiant, Antwerpen. © ARABP, Brüssel/BILD-KUNST, Bonn

S. 211 — Emil Nolde: Abendmahl, 1909. Öl auf Leinwand, 86 × 108 cm. Statensmuseum for Kunst, Kopenhagen. © Nolde Stiftung, Seebüll

S. 213 — Emil Nolde: Am Weintisch, 1911. Öl auf Leinwand, 88,5 × 73,5 cm. Nolde-Stiftung, Seebüll. © Nolde-Stiftung, Seebüll

S. 214 — Karl Schmidt-Rottluff: Kuß in Liebe, 1918. Holzschnitt, 61,7 × 47,5 cm. Städtisches Museum, Gelsenkirchen. © 1984, Copyright by COSMOPRESS, Genf

S. 215 — Karl Schmidt-Rottluff: Kongomaske und Schale, um 1938. Aquarell, 66 × 49 cm. Karl-Ernst Osthaus Museum, Hagen. © 1984, Copyright by COSMOPRESS, Genf

S. 226 — Pablo Picasso: Les Demoiselles d'Avignon, Öl auf Leinwand. 243,9 × 233,7 cm. Collection, The Museum of Modern Art, New York, Acquired through the Lillie P. Bliss Bequest. © SPADEM, Paris/BILD-KUNST, Bonn 1984

S. 227 — Georges Braque in seinem Atelier, 48 Rue d'Orsel, um 1911. © 1984, Copyright by A.D.A.G.P., Paris & COSMOPRESS, Genf

S. 228 — Pablo Picasso: Amor mit Maske, Vallauris, 5.1.1954. Tusche, 32 × 24 cm. © SPADEM, Paris/BILD-KUNST, Bonn 1984

S. 229 — Pablo Picasso: Clown und Frau, Vallauris, 6.1.1954/VIII. Tusche, 24 × 32 cm. © SPADEM, Paris/BILD-KUNST, Bonn 1984

S. 230 Pablo Picasso: Die Taube, Vallauris, 6. 1. 1954/XI. Tusche, 24 × 32 cm. © SPADEM, Paris/BILD-KUNST, Bonn 1984

S. 231 Pablo Picasso: Die Masken, Vallauris, 25. 1. 1954/I. Lavis, 24 × 32 cm. © SPADEM, Paris/BILD-KUNST, Bonn 1984

S. 233 Hannah Höch: Mit Mütze, 1924. Collage und Fotomontage, 19,6 × 15,5 cm. Berlinische Galerie, Berlin/West.

S. 235 Max Ernst: Die Einkleidung der Braut, 1949. Öl auf Leinwand, 130 × 96 cm. Peggy Guggenheim Collection, Venezia. © SPADEM, Paris/BILD-KUNST, Bonn 1984

S. 237 Max Ernst: Frühling in Paris, 1950. Öl auf Leinwand, 116 × 89 cm. Museum Ludwig, Köln. © SPADEM, Paris/BILD-KUNST, Bonn 1984

S. 238 Max Ernst: Masken, 1950. Farblithographie, 33,1 × 50,2 cm. Clemens-Sels-Museum, Neuss. © SPADEM, Paris/BILD-KUNST, Bonn 1984

S. 239 Foto mit René Magritte (1938) neben seinem Bild »Der Barbar«, ca. 1928. Öl auf Leinwand (mittlerweile zerstört). © 1984, Copyright by A. D. A. G. P., Paris & COSMOPRESS, Genf

S. 240 René Magritte: Die Liebenden, 1928. Öl auf Leinwand, 54 × 73 cm. Sammlung Mme J. Van Parys, Brüssel. © 1984, Copyright by A. D. A. G. P., Paris & COSMOPRESS, Genf

S. 241 Peter Blake: Kamikaze, 1963. Cryla, Collage auf Hartfaserplatte, zusätzlich eine gummiüberzogene Maske. Privatbesitz.

Danksagung

Ein herzliches Dankeschön all denen, die mir bei der Entstehung dieses Buches durch Initiative, Beratung und Mitgestaltung – durch Ermutigung, Entlastung und Entsagung behilflich waren!

DuMont Taschenbücher

Stand Frühjahr '84

2 Janson, Malerei unserer Welt
3 Macke, Die Tunisreise
4 Schneede, Magritte
6 Thomas, DuMont's kleines Sachwörterbuch zur Kunst des 20. Jahrhunderts
8 Geelhaar, Klee
12 Pierre, DuMont's kleines Lexikon des Surrealismus
13 Muller, DuMont's kleines Lexikon des Expressionismus
14 Jensen, C. D. Friedrich
15 Klein, DuMont's kleines Sachwörterbuch der Drucktechnik und grafischen Kunst
17 Stoll, Asterix
18 Richter, Geschichte der Malerei im 20. Jahrhundert
23 Keller, Chagall
25 Sterner, Jugendstil
26 Jensen, Spitzweg
27 Bihalji-Merin, Die Malerei der Naiven
29 Stützer, Die Etrusker
30 Pawlik, Malen lernen
31 Selz, DuMont's kleines Lexikon des Impressionismus
32 Schneede, Grosz
33 Panofsky, Sinn und Deutung in der bildenden Kunst
35 van Uitert, van Gogh
38 Tetzlaff, Romanische Kapitelle in Frankreich
39 Elffers, TANGRAM
41 Petzet, Vogeler – Zeichnungen
43 Krons, Gestalten mit Papier
44 Baumgart, DuMont's kleines Sachlexikon der Architektur
45 Jensen, Ph. O. Runge
47 Vogt, Der Blaue Reiter
48 Hofstätter, Beardsley
50 Fiedler, Schriften über Kunst
52 Krichbaum/Zondergeld, DuMont's kleines Lexikon der Phantastischen Malerei
54 Thomas/de Vries, DuMont's Künstler-Lexikon von 1945 bis zur Gegenwart
55 Schreiner, Kreatives Arbeiten mit Textilien
56 Tetzlaff, Romanische Portale in Frankreich
57 Adriani, Toulouse-Lautrec und das Paris um 1900
58 Schöttle, DuMont's Lexikon der Fotografie
59 Munsterberg, Zen-Kunst
60 Hofstätter, Moreau
61 Schuster/Beisl, Kunst-Psychologie
63 Neuhaus, Werken mit Ton
65 Küppers, Das Grundgesetz der Farbenlehre
66 Loyd/Gardner, Mathematische Rätsel und Spiele
67 Baumgart, »Blumen-Brueghel«
68 Krichbaum, Altdorfer
69 Burger, Norwegische Stabkirchen
70 Gombrich, Kunst und Fortschritt
71 Pierre, DuMont's kleines Lexikon der Pop Art
72 Schuyt/Elffers/Ferger, Rudolf Steiner und seine Architektur
73 Sterner, Barcelona: Antoni Gaudi
74 Kleßmann, Die deutsche Romantik
77 Hainke, Siebdruck
78 Rüdiger, Die gotische Kathedrale
79 Kallir, Grandma Moses
80 Wick/Wick-Kmoch, Kunst-Soziologie
81 Fischer, Erotik und Askese in Kult und Kunst der Inder
83 Kaemmerling, Bildende Kunst als Zeichensystem 1
84 Leber, Plastisches Gestalten
85 Loyd/Gardner, Noch mehr Mathematische Rätsel und Spiele

87 Giffhorn, Kritik der Kunstpädagogik
88 Walters/Sterner, Jugendstil-Graphik
89 Tetzlaff, Griechische Vasenbilder
90 Grassi, Die Theorie des Schönen in der Antike
91 Leber, Aquarellieren lernen
93 Elffers/Schuyt, Das Hexenspiel
94 Schreiner, Puppen & Theater
95 Hennig, Japanische Gartenkunst
96 Vierhuff, Die Neue Sachlichkeit
98 Clausberg, Kosmische Visionen
99 Fischer, Wasserburgen im Münsterland
100 Schulz, Der olle Hansen und seine Stimmungen
101 Freier, Fotografieren lernen – Sehen lernen
102 Vogel-Köhn, Rembrandts Kinderzeichnungen
103 Badt, Die Farbenlehre van Goghs
104 Hansmann, Die Apokalypse von Angers
105 Foerster, Das Barock-Schloß
106 Gardner, Mathematik und Magie
107 Elffers/Schuyt/Leeman, Anamorphosen
108 Adriani/Konnertz/Thomas, Joseph Beuys
109 Fischer, Hanse-Städte
110 Spitzing, Das indonesische Schattenspiel
111 Presler, L'Art Brut
112 Adrion, Die Kunst zu zaubern
113 Bialostocki, Stil und Ikonographie
114 Schulz, Der Kuckuck und der Esel
115 Hofmann, Ton
116 Champion, DuMont's Lexikon archäologischer Fachbegriffe und Techniken
117 Assunto, Die Theorie des Schönen im Mittelalter
118 Polin/Rain, Wie man besser flippert
119 Petsch, Geschichte des Auto-Design
120 Grünebaum, Buntpapier
121 Berger, Malerinnen auf dem Weg ins 20. Jahrhundert
122 Schmidt-Brümmer, Wandmalerei
123 Winzer, DuMont's Lexikon der Möbelkunde
124 Dohmen, Die Lithographie
125 Vielmuth/Kandorfer, Fachwort-Lexikon Film · Fernsehen · Video
126 Kellerer, Der Sprung ins Leere
127 Schulz, Rapunzel
128 Bro, Wie lerne ich zeichnen
129 Koch-Hillebrecht, Die moderne Kunst
130 Gruber/Vedder, DuMont's Handbuch der Video-Praxis
131 Keilhauer, Die Bildsprache des Hinduismus
132 Merker, Die bildenden Künste im Nationalsozialismus
133 Salberg-Steinhardt, Die Schrift
134 Pochat, Der Symbolbegriff in der Ästhetik und Kunstwissenschaft
135 Schüssler, Die ägyptischen Pyramiden
136 Harjes, Handbuch zur Praxis des Freien Theaters
137 Pevsner, Wegbereiter moderner Formgebung
139 Schulz, Guten Tag!
140 Schmidt-Brümmer, Alternative Architektur
141 Stützer, Die Kunst der römischen Katakomben
142 Wittkower, Allegorie und Wandel der Symbole
143 Warnke, Politische Architektur
144 Magall, Kleine Geschichte der jüdischen Kunst
145 Fixx, Rätsel und Denkspiele mit Seitensprung
146 Hagen, Meisterwerke europäischer Kunst
147 Knuf, Amulette und Talismane
148 Violet, Kleine Geschichte der japanischen Kunst
149 Treat, Detektive auf dem Glatteis
150 Lavizzari-Raeuber, Thangkas
151 Kraft, Psychoanalyse, Kunst und Kreativität heute
152 Dunkel, Schattenfiguren – Schattenspiel
153 Ebeling, Masken und Maskierung